Arnd Jebbink
Jan 86

HUBERT SEIPEL: DER MANN, DER FLICK JAGTE

Der Mann, der Flick jagte

Die Geschichte des Steuerfahnders Klaus Förster

von Hubert Seipel

STERN BUCH

Herausgeber: Rolf Winter
Lektorat: Dr. Joachim Köhler
Gestaltung: Hans-Günther Meyer
Dokumentation: Brigitte Zirz
Bilddokumentation: Erika Just
Produktion: Druckzentrale G + J
Druck: Clausen & Bosse, Leck

1. Auflage 1985
ISBN: 3-570-05884-0

INHALT

KAPITEL 1
Ein Routinefall im Finanzamt St. Augustin 7

KAPITEL 2
Eine Geldwaschanlage in Liechtenstein 29

KAPITEL 3
Das Drehbuch für den Ernstfall 43

KAPITEL 4
Eine Beschwerde wird auf Eis gelegt 59

KAPITEL 5
Aufgeschoben ist nicht aufgehoben 75

KAPITEL 6
Wo Kreile ist, da ist ein Weg 93

KAPITEL 7
Die wundersame Geldvermehrung 107

KAPITEL 8
Ein dienstliches Bedürfnis 125

ANHANG:
Auszüge der Befragung vor dem
Flick-Ausschuß des Deutschen Bundestages 148
STERN-Gespräch mit Flick »wg. Flick« 177
Der Autor 191
Bildnachweis 192

KAPITEL 1

EIN ROUTINEFALL IM FINANZAMT ST. AUGUSTIN

»Der Beamte dient dem ganzen Volk, nicht einer Partei. Er hat seine Aufgaben unparteiisch und gerecht zu erfüllen und bei seiner Amtsführung auf das Wohl der Allgemeinheit Bedacht zu nehmen.«

§ 55 Beamtengesetz

»Die Lobby ist etwas, das nach meinem politischen Verständnis zur offenen Gesellschaft, zu der wir uns bekannt haben, gehört. Die Lobby wird sehr stark auch von der Administration und von den Mitgliedern des deutschen Bundestages in Bonn in Anspruch genommen. Ich nehme also an, daß das auch Sinn und Verstand hat.«

Flick-Manager Eberhard von Brauchitsch

Es ist einer dieser unangenehmen Tage im November. Auf den Straßen von Königswinter liegt Rauhreif. Ein naßkalter Wind streicht durch die kaum belebten Gassen des Ortsteils Vinxel, als sich Klaus Förster von seiner Frau Margarete und seinen drei Kindern verabschiedet, um – wie immer schon ein paar Minuten zu spät – mit seinem hellblauen Volvo ins Büro zu fahren.

Besonderes ist für den Tag nicht angesagt. Den Morgennachrichten war zu entnehmen, daß die Bundesrepublik und Island sich nach dreijährigen Auseinandersetzungen auf ein neues Fischereiabkommen geeinigt haben. Im Sportteil der Zeitung wärmte der Kommentator noch einmal die Frage auf, weshalb die bundesdeutschen Kicker zwei Tage zuvor gegen Bulgarien über ein mageres Eins zu Null nicht hinausgekommen waren.

Daß er sich wieder zu spät zur Arbeit aufmacht, darüber ärgert sich Förster auch an diesem Morgen. Dabei könnte er sich die leichte Disziplinlosigkeit ohne weiteres leisten.

Schließlich gehört der 42jährige Jurist zur Klasse der gehobenen Beamten: Regierungsdirektor im höheren Dienst, Leiter der Steuerfahndung St. Augustin bei Bonn, Gehaltsgruppe A 15. Bei Stelleninhabern dieses Ranges kommt es auch im öffentlichen Dienst in der Regel auf eine Viertelstunde nicht an.

Aber da gibt es die Marotte des Sankt Augustiner Finanzamtsvorstehers, in dessen Amt Försters Steuerfahndung untergebracht ist. Doktor Söhngen hat es sich zur Aufgabe gemacht, des öfteren am Eingang der Dienststelle mit Blick auf die Uhr höchstpersönlich zu kontrollieren, wer von seinen Schäfchen zu spät zum Dienst erscheint.

Zum Glück untersteht Försters Abteilung nicht diesem Pedanten. Unangenehm ist es trotzdem, wenn Söhngen mit süffisantem Gesicht und etwas zu lauter Stimme grüßt: »Guten Morgen, Herr Förster. Sie brauchen sich nicht zu beeilen. Die Hälfte Ihrer Leute ist sowieso noch nicht da.«

»Erbsenzählerei« nennen das seine Fahnder. Sie verlängern dafür unter den Augen des Finanzamtsvorstehers ihre Mittagspause eigenmächtig um eine halbe Stunde, was ihm Söhngen ebenfalls ständig aufs Butterbrot schmiert.

Förster geht dieser ständige Kleinkrieg auf die Nerven. Tatsächlich ist ihm trotz seiner Karriere – eine Ausnahme in der Beamtenwelt des höheren Dienstes – diese Kleinkariertheit eher fremd.

»Jeder Anforderung gewachsen«, heißt es in einer der zahlreichen Beurteilungen durch die Oberfinanzdirektion. »Sein Eifer und seine gründlichen Kenntnisse rechtfertigen nach weiterem Ausreifen die Erwartung eines stetigen Aufstiegs.«

Das hat ihm bereits sein Ausbilder beim Finanzamt Bonn-Innenstadt am Anfang der Laufbahn schriftlich geweissagt.

Assessor Förster nahm die Beförderungshürden wie ein Meister im Springreiten den Parcours – fehlerfrei und in der kürzest möglichen Zeit. Bemerkungen wie »zur Beförderung erheblich über Durchschnitt geeignet« oder »seine Fähigkeit zu selbständigem, vollverantwortlichem Handeln ist hervorzuheben« zieren seine Beurteilungen so regelmäßig wie Zeugnisse von Kollegen nur der Dienststempel der Oberfinanzdirektion.

Nach seiner Ausbildung rückt er in den Rang eines Regierungsrats auf; erst zur Probe, dann als Beamter auf Lebenszeit. Anschließend Oberregierungs-

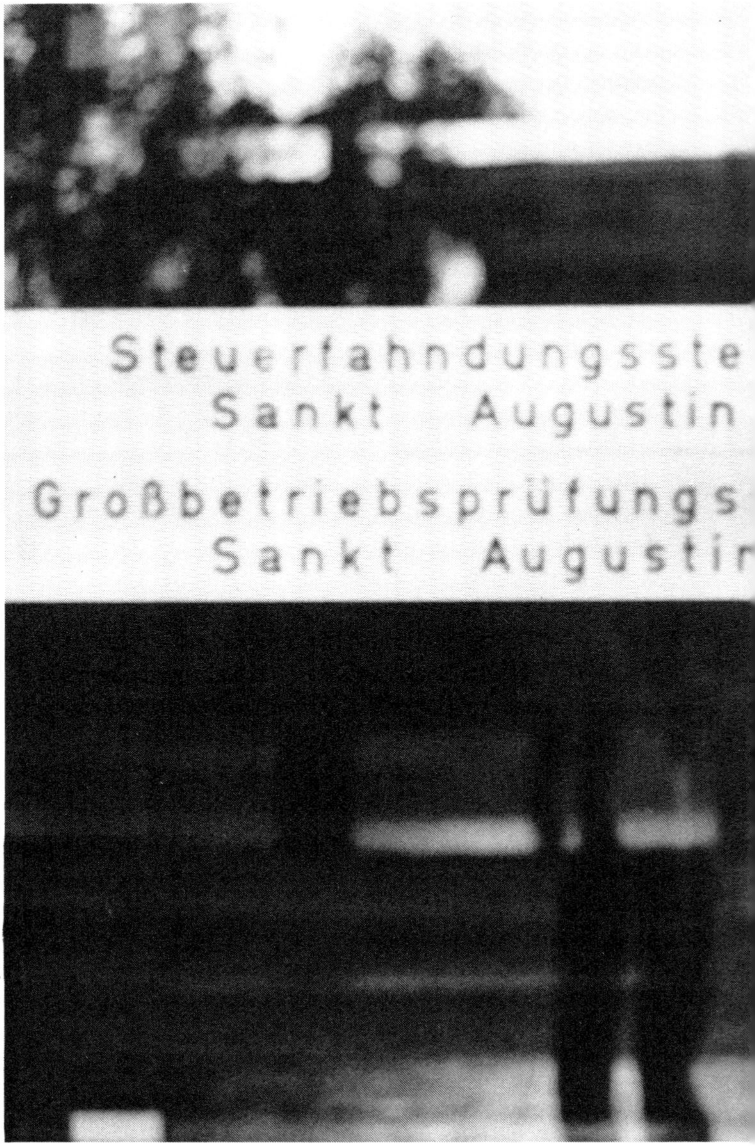

Regierungsdirektor Klaus Förster, ein Mann mit Bilderbuchkarriere und Vorliebe für Skat, Doppelkopf und Mozart. »Jeder Anforderung gewachsen«, urteilen seine Vorgesetzten.

rat und, seit rund einem Jahr, Regierungsdirektor.

Kollege Förster, soviel hat sich im Kreis seiner Gönner und Neider bald herumgesprochen, ist trotz modisch längerer Haare und seiner legeren Cordhosen ein Mann mit beruflicher Zukunft.

Das war er zumindest bis zu jenem Morgen des 21. November 1975.

Eine knappe Autostunde entfernt, in Düsseldorf-Oberkassel, Mönchenwerther Straße 15, liegt die Zentrale des Flick-Konzerns. Just am gleichen Tag notiert sich dort Manager Eberhard von Brauchitsch, was sein Besuch tags zuvor beim CDU-Vorsitzenden und rheinland-pfälzischen Ministerpräsidenten Helmut Kohl in Mainz erbracht hat.

Der Edelmann ist eine herausragende Persönlichkeit der deutschen Wirtschaft. Schon rein äußerlich verkörpert der Generalbevollmächtigte des größten privaten deutschen Wirtschaftsunternehmens deutsches Gardemaß: Um 196 Zentimeter Höhe ballen sich zwei Zentner Lebendgewicht.

Seine Machtfülle ist nicht minder imponierend. Von Brauchitsch steht nicht nur den rund 50 000 Beschäftigten des eigenen Konzerns vor. Der einstige Amateurboxer schwingt in diversen Aufsichtsräten gleichfalls ein gewichtiges Wort – ausnahmslos Wirtschaftsunternehmen der ersten Adressen. Selbst der Bundeskanzler läßt sich gern von ihm beraten.

So kann sich das Selbstbewußtsein des adligen Wirtschaftsführers auf Statur wie Position stützen. Als Richtschnur seines Handelns dient ihm schon von jeher die alte Adenauersche Erkenntnis, nach der wir uns zwar alle unter dem gleichen Himmel tummeln, deswegen aber beileibe noch nicht über den gleichen Horizont verfügen.

»Ein demokratischer Staat kann nur leben, wenn

Flick-Manager Eberhard
von Brauchitsch mit
dem späteren Bundeskanzler
Helmut Kohl, dem jede
Summe recht war. »Wenn Herr
von Brauchitsch zu
mir kam, dann hat er einen
Betrag mitgebracht
in einem Kuvert. Den habe ich
entgegengenommen.«

die paar, die sich für Führungsaufgaben fähig fühlen, sich auch engagieren«, pflegt er gelegentlich seiner Umgebung mitzuteilen. Bei ihm und Leuten seines Schlages steht außer Frage, daß Eberhard von Brauchitsch zu der erlesenen »Nomenklatura« zählt, die zu Höherem berufen ist.

Was er ansonsten von Politik und wirtschaftlichen Führungsqualitäten hält, wird er später einmal einem Journalisten in den Block diktieren. »Der Draht ist kurz«, das ist das eine. Das andere: »Der wechselseitige Respekt« zwischen den »Herren in Bonn« und ihm, dem Herrn von Brauchitsch, »bringt es, daß wir uns gegenseitig zuhören, um zu überlegen, wie man aus der Kompetenz des anderen für die eigene Arbeit Nutzen ziehen kann«.

Das Recycling läuft prächtig. Auch wenn die Zeiten nicht so sind, wie es der größte Teil der Industrie gerne hätte. Statt der Unionsparteien stellen noch immer Sozialdemokraten und FDP die Regierung. Doch in der Praxis erweisen sich ideologische Vorbehalte außerhalb des Wahlkampfes nur als störend. Von Brauchitsch hat jedenfalls weder mit Sozialdemokraten noch mit Liberalen nennenswerte Schwierigkeiten.

Welcher Art nun der Nutzen des Besuches bei dem CDU-Vorsitzenden Helmut Kohl war, schreibt der Manager an diesem Tag auf einen Zettel. Die Notiz entspricht der üblichen Verkehrsform im Hause Flick.

Obwohl der Industrielle Friedrich Karl Flick, hausintern ehrfürchtig FKF genannt, so gut wie nie in der Zentrale zu finden ist, will er alles wissen. Gleichgültig, ob es ihn nach Kenia auf Safari, in die USA, zu seiner Jagdhütte in Österreich oder einfach nur durch Münchens Kneipen treibt.

Konzernherr Flick trennt sich später von seinem Majordomus Eberhard von Brauchitsch, als der Konzern »wg. Parteispenden« ins Zwielicht gerät. Der Manager hatte die Vorgänge penibel vermerkt.

So kurbelt sein Majordomus die Zettelwirtschaft an. Kohl schlage vor, notiert Flicks Manager, »eine Auswahl interessierter und gefährlicher CDU/CSU-Abgeordneter zu einem parlamentarischen Abend nach Bonn einzuladen und ihnen über die Überlegungen des Hauses Flick, im besonderen in der Angelegenheit 6b, Bericht zu erstatten. Ich habe Kohl zugesagt, ihm über diese Angelegenheit eine kurze Erinnerungsnotiz zuzuschicken. Kohl wird dann das Seine veranlassen.«

Es ist diese »Angelegenheit 6b«, dieses überaus »zerbrechliche Kind«, wie von Brauchitsch den geschäftlichen Akt zärtlich umschreibt, der dem gewieften Industrieführer auf absehbare Zeit alle Konzentration abverlangt. Hinter der Floskel mit der unscheinbaren Ziffer verbirgt sich das größte Geschäft in der Geschichte der Bundesrepublik, das der Konzern sich gerade anschickt, in die Scheuer zu fahren.

Regierungsdirektor Klaus Förster und Eberhard von Brauchitsch sind zwei grundverschiedene Typen, in unterschiedlichen Positionen und an verschiedenen Orten. Zwei Männer, die sich nicht kennen, deren Welten sich alle Lichtjahre einmal kreuzen und die sich trotzdem zum Schicksal werden sollen.

Daß ihn einmal ein Beamter zu Fall bringen könnte, ist für einen wie den Adligen zur damaligen Zeit außerhalb jeglichen Vorstellungsvermögens. Ebenso verschwendet der Beamte Klaus Förster an jenem trüben Novembertag keinen Gedanken daran, daß ihm ausgerechnet seine vorbildliche Dienstauffassung eine entscheidende Wende im Leben bescheren wird – den langsamen Anfang vom abrupten Ende seiner Beamtenkarriere.

Doch bevor der Beamte acht Jahre später resigniert

den Dienst quittieren wird, wird auch die Bundesrepublik etwas verloren haben – ihren Ruf als angeblich blitzsaubere westliche Demokratie, in der das staatliche Leben im großen und ganzen in rechtlich einwandfreien Bahnen verläuft.

Die Arbeit des Steuerfahnders Förster wird Korruption, Steuerhinterziehung und doppelte Moral in einem Ausmaß zutage fördern, wie sie selbst hartgesottene linke Kritiker oder andere phantasievolle Gemüter allenfalls in den sprichwörtlichen Bananenrepubliken vermuten.

In der Bundesrepublik werden dank Försters Vorarbeit erstmals und hintereinander ein Präsident des Bundesverbandes der Deutschen Industrie (Nikolaus Fasolt), ein Bundeswirtschaftsminister (Otto Graf Lambsdorff) und ein Bundestagspräsident (Rainer Barzel) stürzen.

Mancher der Abgeordneten aus den verschiedenen Parteien (die Grünen ausgenommen), so wird sich herausstellen, erhielt indirekt Weisungen durch Überweisungen.

Staatsanwälte werden über 1800 Ermittlungsakten anlegen, weil Hunderte von deutschen Firmen Politiker geschmiert und dabei noch Millionen an Steuern hinterzogen haben. Geld, mit dem »konkrete Erwartungen an die Politik verbunden sind«, urteilt später in einem der zahlreichen Verfahren das Kölner Amtsgericht.

Etliche Unternehmer spendeten sicherlich bloß in der Absicht, »ihre« Partei zu unterstützen. Viele freilich spendeten Tausende von Mark auch in der Absicht, sich das Geld teilweise vom Finanzamt zurückzuholen.

Und der auf Helmut Schmidt folgende Bundeskanzler Helmut Kohl wird 1984 vor einem parlamen-

Trat zurück: Nikolaus Fasolt, Präsident des Bundesverbandes der Deutschen Industrie. Ein Gericht verurteilte den Unternehmer zu einer hohen Geldstrafe, weil er Parteispenden als Betriebsausgaben absetzte.

Trat zurück: Bundestagspräsident Rainer Barzel arbeitete nebenbei für die Frankfurter Anwaltskanzlei Paul und beriet den Flick-Konzern. Die Firma lohnte den Service mit über einer Million Mark.

Trat zurück: Bundeswirtschaftsminister Lambsdorff speiste nicht nur mit von Brauchitsch. Der Schatzmeister der FDP in NRW bekam auch Geld von Flick. Später befreite der Minister die Firma von der Steuer.

tarischen Untersuchungsausschuß zu Protokoll geben, daß ihm jede Summe recht war: »Ich war mir nicht zu fein, wenn einer nicht drei Millionen, sondern ›nur‹ 30 000 Mark gegeben hat.«

Doch das weiß der Regierungsdirektor an jenem Tage im November 1975 noch nicht. Woher auch. Ihn drücken andere Sorgen. Das Haus, das sich die Försters in Vinxel gebaut haben, ist teurer gekommen als erwartet. Er muß sich heute bei der Bausparkasse endlich um die Nachfinanzierung kümmern. Außerdem schmerzt sein Tennisarm.

Klaus Förster spielt nicht gern den Steuerspürhund. Die Schuld an seinem Job trug ausgerechnet sein reibungsloser Aufstieg. Bei den Kollegen steht die Fahndung nicht hoch im Kurs. Aber im Bonner Raum war so schnell keine andere Regierungsdirektorenstelle aufzutreiben, und das Risiko, aus der Gegend versetzt zu werden, wollte Klaus Förster nicht eingehen. Schließlich betreibt seine Frau Margarete, eine gelernte Pharmazeutin, im Nachbarort Stieldorf seit ein paar Jahren eine Apotheke, die gerade in Schwung kommt.

Inzwischen macht ihm die Arbeit allerdings Spaß, auch wenn er sich anfangs ziemlich überwinden mußte. Förster schüttelte sich manchmal, wenn er an die Informanten dachte. Betrogene Ehefrauen, verärgerte Angestellte oder neidische Geschäftspartner, die ihren einstigen Partnern oder Konkurrenten eins auswischen wollten. Seine Kollegen von der Steuerfahndung und er hatten sich dann den Schuh von Amts wegen anzuziehen und nachzuforschen, was es mit der Sache wirklich auf sich hatte, mußten in anderer Leute schmutziger Wäsche wühlen.

Doch je länger der Jurist bei der Steuerfahndung ist, desto mehr lernt er, wie lax die Bundesbürger ih-

Regierungsdirektor Förster mit Familie. Der Beamte wurde durch Zufall Leiter der Steuerfahndung St. Augustin. Im Raum Bonn war keine andere A15-Stelle frei. Weil seine Frau Margarete in der Umgebung eine Apotheke betreibt, wollte Förster in der Nähe arbeiten.

Regierungsdirektor Klaus Förster mit Familie. Weil der Beamte sich bei seinen Nachforschungen jegliche Spitzen versagt, wenn Manager im Zusammenhang von Parteispenden von »Irrtümern« reden, hält er gelegentlich zu Hause Vorträge über Recht und Unrechtsbewußtsein.

re Steuerpflicht tatsächlich nehmen. Falsche Belege, verschwiegene Einnahmen, frisierte Aufzeichnungen – wer etwas fingern kann, erliegt leicht der Versuchung.

Manchmal scheint es ihm so, als ob sich die wichtigste Frage der freien und sozialen Marktwirtschaft, die er im übrigen stets leidenschaftlich verteidigt, knapp und präzise in nur vier Worte fassen ließe: »Mit oder ohne Rechnung?« Nur dumme Gehaltsempfänger wie er zahlen anscheinend Steuern. Diesen Verfall freilich – da decken sich bei dem Sohn eines Richters wieder Beamtenpflicht und staatsbürgerliches Bewußtsein nahtlos – gilt es entschieden zu bekämpfen.

Als Förster an diesem Morgen im Amt eintrifft, hat er Glück. Vorsteher Söhngen hat die Arbeitsantrittskontrolle offensichtlich schon beendet. In seinem Zimmer im vierten Stock erwarten ihn bereits seine Kollegen. Mit verhaltener Genugtuung überreichen sie dem Chef einen Ordner mit der Aufschrift »EU«: »Lesen Sie mal.«

Der 6b-Coup benötigte, darüber war sich von Brauchitsch nicht nur an jenem Novembertag im klaren, generalstabsmäßige Vorbereitung. Mit der »Angelegenheit 6b« hatte es folgende Bewandtnis: 1975 hat Friedrich Karl Flick den größten Teil seines Aktienpaketes von Deutschlands profitabelster und vornehmster Autofabrik Daimler-Benz an einen ebenso vornehmen Käufer, die Deutsche Bank, verkauft. FKF macht dabei den Goldenen Schnitt – 1,9 Milliarden Mark. So weit, so gut.

Die Sache hat nur einen Haken. Auch bei einem solchen Reibach ist, jedenfalls nach geltendem Recht, der Fiskus mit von der Partie. Nach Adam Riese und den Tabellen des Finanzamtes werden rund eine

Milliarde Mark an Steuern fällig. Es sei denn, der Konzern legte den größten Teil des Geldes schleunigst wieder an und der zuständige Bundesminister für Wirtschaft befände diese Aktion für »volkswirtschaftlich besonders förderungswürdig«. Für einen solchen, wenngleich höchst seltenen Fall sieht der Paragraph 6b des Einkommensteuergesetzes vor, den Gewinn nicht zu besteuern.

Also zerbrechen sich von Brauchitsch und ein hochbezahlter Stab von Experten den Kopf, wie das schöne Geld vor der Steuer gerettet werden könnte. Denn wo die Firma einen Großteil des Erlöses anlegen will, darüber herrscht bereits Klarheit: beim amerikanischen Mischkonzern Grace. Zum einen mag FKF Herrn Grace persönlich, zum anderen winkt der Investition in Amerika eine hohe Rendite. Unklar ist bloß, wie sich das Manöver steuersparend als Wohltat für die deutsche Industrie verkaufen läßt.

Von Brauchitsch kennt die Schwere seiner Aufgabe. Es gilt, falsche Fährten zu legen. Steuerliche Gutachten sind in Auftrag zu geben, Beziehungen zu mobilisieren. Bei der delikaten Materie ist es entscheidend, die richtigen Politiker in der richtigen Tonlage anzusprechen. Und damit alle Parteien bei der Stange bleiben, sind Termine mit jedem der Schatzmeister unumgänglich.

Da wird es vonnöten sein, daß jeder das Seine tut, wenn es darauf ankommen sollte. So wie Helmut Kohl. Schließlich erweist sich der Konzern ja auch erkenntlich. Pünktlich zur Visite bei dem Vorsitzenden der Christlich-Demokratischen Union hat Firmenbuchhalter Rudolf Diehl in dem ihm eigenen Gemisch aus Sütterlin und lateinischer Schrift in seiner Liste am 20. November 1975 die Spesen in Kurzform eingetragen: »wg. Kohl über v. B. 50 000,–«.

Der Mann der Wirtschaft, Eberhard von Brauchitsch, und der liberale Politiker Hans Friderichs verkehren auf freundschaftlichem Fuß.
»Friderichs hat mir gesagt, er stünde uns zu jeder Tages- und Nachtzeit zur Verfügung.«

Wenn »Herr von Brauchitsch zu mir kam«, wird sich Kohl später vor dem Untersuchungsausschuß erinnern, »dann hat er einen Betrag mitgebracht in einem Kuvert. Den habe ich entgegengenommen«. Ähnliches werden Politiker der FDP und der SPD zu Protokoll geben, denn Herr von Brauchitsch wird in den nächsten Jahren viele Besuche machen.

Hilfreich ist, daß die Beziehungen der Firma zu den politischen Instanzen erstklassig sind. Jetzt sollte es sich auszahlen, daß es schon immer zur Geschäftspolitik des Konzerns gehörte, sich Parteien und aufstrebende Politiker mit kleinen oder größeren Freundlichkeiten gewogen zu machen. Dem Bundesminister für Wirtschaft, Hans Friderichs, hatte das Haus Flick beispielsweise einen Redekurs finanziert, als der noch ein Nachwuchspolitiker der FDP war. Solche Aufmerksamkeiten bleiben haften.

»Friderichs hat mir gesagt, er stünde uns zu jeder Tages- und Nachtzeit zur Verfügung. Er sei jederzeit von mir erreichbar«, hatte von Brauchitsch seinem Firmenchef schon einige Monate zuvor auf einem der üblichen Zettel melden können. »Ich habe ihm, auch im Namen des Hauses, sehr herzlich für die loyale Haltung gedankt und gesagt, daß wir uns unsererseits melden, sobald es etwas Neues gibt.«

Doch selbst ein Minister muß handfeste Argumente dafür vorlegen, weshalb in Zeiten allgemeiner Sparsamkeit ausgerechnet ein Milliarden-Deal nicht besteuert werden sollte. Die Vorzüge für die deutsche Volkswirtschaft liegen nicht gerade zwingend auf der Hand. Immerhin zieht Flick Geld aus der Bundesrepublik ab, um es jenseits des Atlantiks wieder anzulegen, weil dort höhere Gewinne locken. Es müssen also Argumente geliefert werden. Die Maschinerie des Hauses Flick läuft auf vollen Touren.

Nur den Regierungsdirektor Klaus Förster im Finanzamt Sankt Augustin, vierter Stock, hat Brauchitsch nicht auf der Rechnung. Das ist verständlich. Kontakte zur Verwaltung pflegt einer wie er nur auf höherer Ebene. Beim Mittagessen beispielsweise, und dann vom Staatssekretär an aufwärts.

Doch es wird jener unbekannte Beamte mit der Personalnummer A 15-F8-St716 sein, mit seiner Vorliebe für Skat, Doppelkopf und Mozart, der rund sieben Jahre später von Brauchitsch um Kopf und Kragen bringt. Försters hartnäckiges Pochen auf Recht und Gesetz kostet den Steuerfahnder letztlich zwar den eigenen Job, entwirrt aber gleichzeitig »ein unendlich verfilztes, unappetitliches Knäuel, in dem die ganze politische Klasse des Landes drinhängt«, wie Hans Magnus Enzensberger schreiben wird.

Für die politischen Parteien gerät der Fall Förster keineswegs zum Ruhmesblatt. Die vielbeschworene Gemeinsamkeit der Demokraten konzentriert sich hauptsächlich darauf, den Skandal unter der Decke zu halten. Als es dann nichts mehr zu halten gibt, ändern die Parteien ihre Taktik.

Wieder einmal, so werden sie – gemeinsam – das Klagelied anstimmen, seien Vorgänge aus dem internen Bereich der Verwaltung in einer Weise an die Öffentlichkeit gelangt, die den Schutz von Beschuldigten nicht mehr gewährleiste. Der Schutz des Gesetzes interessiert sie weniger.

Das freilich weiß Regierungsdirektor Klaus Förster noch nicht, als er an diesem Morgen den Ordner durchliest, den ihm seine Kollegen präsentiert haben – noch ahnt er, welche politische Lawine er mit seinen Recherchen auslösen wird.

Nach der Lektüre ist Förster sich mit seinen Kollegen einig: »Da haben wir wohl voll reingefaßt.«

KAPITEL 2

EINE GELDWASCH-ANLAGE IN LIECHTENSTEIN

»Die Parteien wirken bei der politischen Willensbildung des Volkes mit.«
Artikel 21 des Grundgesetzes

»Die Parteien wirken bei der Steuerhinterziehung mit.«
Neues deutsches Sprichwort

Regierungsdirektor Klaus Förster hält sich nicht gerade für naiv. Dafür arbeitet er bereits zu lange beim Finanzamt. Und was die Ehrlichkeit der Bundesdeutschen angeht, darüber macht sich der Steuerbeamte keine Illusionen mehr. Seine Landsleute verhalten sich nicht anders als jene Bewohner südlicher Breitengrade, von denen jeder zweite Stammtisch nach dem Sommerurlaub lauthals verkündet, so verbreitet wie die Korruption sei in diesen Landstrichen ansonsten nur noch das morgendliche Schulgebet.

Die Deutschen benehmen sich in seinen Augen um keinen Deut besser. Ob sie bei der Wegstrecke zur Arbeit für die Steuererklärung nun aus sieben Kilometern plötzlich 11 Kilometer machen oder in Lokalen höhere Spesenquittungen ausstellen lassen – für die Steuermoral gilt allein die bekannte Regel: Wo Bundestagsabgeordnete »dienstlich« zu Fußballweltmeisterschaften reisen, haben Internisten wenig Skrupel, ihren Skiurlaub in Davos als Teilnahme an einem Ärztekongreß auszugeben. Steuern zu drükken ist ein Spiel ohne Grenzen.

Trotzdem holt Förster erst einmal tief Luft, als er mit der Akte durch ist, die ihm seine Fahnder vorgelegt haben. Was er gelesen hat, verschlägt ihm die Sprache. Der Inhalt des Ordners läßt auf organisierte Kriminalität schließen: Finanztransaktionen ins Ausland, konspiratives Verhalten selbst innerhalb der Gruppe. Offensichtlich waren auch Spezialisten am Werk, die berufsmäßig Bedenken zerstreuten und andere zu kriminellen Handlungen überredeten. Komplizen beschafften amtliche Bescheinigungen. Kuriere schafften Geld über die Grenze. Jeder tut, was er am besten kann, und nur die Zentrale weiß alles. Mit anderen Worten: Eigentlich ein Fall für das Bundeskriminalamt.

Das Strickmuster des Coups ist so einfach wie dreist: Deutsche Großunternehmen ordern bei einer obskuren Firma im Ausland ein nicht minder obskures Gutachten, das auf wenigen fotokopierten Seiten wertlose Allgemeinplätze über betriebswirtschaftliche Fragen enthält. Die Bedeutungslosigkeit der Expertisen steht im krassen Gegensatz zu den enormen Preisen. Das Geld fließt anschließend über Umwege zurück in die Bundesrepublik und in die Taschen einer Partei. Als Organisator des faulen Geschäftes erweist sich eine politische Kraft des Landes, deren Wohl deutschen Unternehmern traditionsgemäß am Herzen liegt: die Christlich-Demokratische Union.

Den Unterlagen nach sind seit Jahren jeweils Summen zwischen 4000 und 200 000 Mark auf die Kontonummer 2789205–1004701 einer liechtensteinischen Bank in der Steueroase Vaduz geflossen. Inhaberin ist die »Europäische Unternehmensberatungsanstalt« (EU), wie sich die dubiose Geldwaschanlage in der Austraße 40 nennt.

Von der alpenländischen Sammelstelle wandern die Gelder anschließend mit Hilfe der Mutterfirma, des Bonner CDU-Unternehmens Union Betriebs GmbH, in die Kassen der Konservativen. Die Entwicklungshilfe für die christlichen Demokraten buchten die Großunternehmen steuersparend als Betriebsausgaben ab – und genau das ist verboten. Bei den Beteiligten dieses Unternehmens handelt es sich um erste Adressen deutscher Handelshäuser und Markenfirmen. Mercedes, VW und die Mannesmann AG. Mit von der Partie sind Siemens ebenso wie Edeka, die ehrpusselige konservative »Frankfurter Allgemeine« in trauter Eintracht mit anderen Gütezeichen bundesdeutscher Kultur; dem Schnapshersteller Underberg etwa oder dem Möbelproduzenten

Interlübke. Alles in allem über 100 Firmen. Zwar mögen manche das in gutem Glauben getan haben; die meisten freilich wußten, worauf sie sich einließen.

Klaus Förster fühlt sich, als hätte ihm jemand eine Ohrfeige versetzt. Was ihn so ärgert, ist neben der Unverfrorenheit, mit der Industrie und Politiker gültiges Recht beugten, die Tatsache, daß dieser Schmutz ausgerechnet auf seinem Schreibtisch gelandet ist. Bei ihm, der sich in der Kantine aus dem Fenster lehnt, wenn Kollegen gegen die CDU als »die Partei vom Großen Geld« vom Leder ziehen, ihm, der bei den üblichen Kaffeerunden im Büro immer den Part der CDU spielt, weil ihm solche Pauschalverurteilungen zu billig sind. Nicht, daß er eingeschriebenes Mitglied wäre. Aber er und seine Frau Margarete setzen bei Wahlen ihr Kreuzchen stets hinter den Namen der Partei mit dem großen C.

An der Rechtslage läßt sich nichts deuteln. Parteispenden von der Steuer abzusetzen, hat das Bundesverfassungsgericht bereits 1958 für verfassungswidrig erklärt. Die Gründe haben die Karlsruher Verfassungshüter auch gleich auf den Tisch gelegt: Ein Großverdiener, der einen »absolut und relativ höheren Betrag an Steuer spare« als jemand mit kleiner Brieftasche, sollte nicht noch für seine politischen Interessen »prämiert« werden, lautete das höchstrichterliche Verdikt. Eine »unterschiedliche steuerliche Behandlung der Einflußnahme auf die politische Willensbildung je nach Höhe des Einkommens«, formulierten die Richter, verstoße gegen den Gleichheitsgrundsatz.

Weil die Gesetzeshüter ihre Pappenheimer kennen, haben sie die Politiker sogar ausdrücklich vor krummen Touren gewarnt. Gelder dürfen auch nicht auf Umwegen, »weder unmittelbar noch mittelbar einer politischen Partei zufließen«. Zehn Jahre nach dem ersten Grundsatzurteil klopften die Verfassungsrichter ihren früheren Spruch noch einmal fest: »Für Spenden, die sechshundert Mark im Jahr übersteigen, gibt es keine Steuerermäßigung.«

Die ganze Sache hatte ihm der Bonner Staatsanwalt Henk eingebrockt. Förster erinnert sich genau, obwohl es schon Monate zurücklag. Auf dem Flur, zwischen Tür und Angel, erzählte Henk damals im Januar 1975 eine mäßig interessante Geschichte: Ein Mensch namens Peter Müllenbach in Bonn hatte einem windigen ehemaligen IOS-Vertreter 110 000 Mark anvertraut. Dieser Typ wiederum, ein gewisser Feuer, habe das Geld, wie das Leben nun mal so spielt, angeblich in Liechtenstein angelegt oder so ähnlich. Das Ende vom Lied war jedenfalls, daß Müllenbach sein ganzes Geld los und Feuer auf und davon war. Henk, der nun die Betrugsanzeige zu bearbeiten hatte, betonte, er spräche Förster ja nur deshalb darauf an, weil die Steuerfahndung doch so scharf auf Steueroasen wie Liechtenstein sei. Außerdem würde ihn einmal interessieren, wo der Müllenbach denn so locker 110 000 Mark hernahm.

An und für sich mag es Förster nicht, wenn sich andere Abteilungen mit scheinbar gutgemeinten Hinweisen in seine Angelegenheiten mischten. Doch Bonn ist klein. Nach kurzer Zeit kennt hier jeder jeden, und da ist es nur ratsam, sich kooperativ zu zeigen. Wenn nicht, kursieren in Windeseile unangenehme Gerüchte. Daß die Steuerfahndung sich als etwas Besseres vorkomme beispielsweise.

Deswegen vertraut Förster die Geschichte seinen Kollegen Buchholz und Frohn an, die ohne große Begeisterung die übliche Routine in Gang setzen. Als sie beim zuständigen Finanzamt in Bonn die Akten ziehen, zeigt sich, daß Peter Müllenbach in seiner Steuererklärung weder 110 000 Mark Vermögen noch irgendwelche Zinsen über die Jahre angegeben hat. Der Geschäftsführer der CDU-eigenen Union Betriebs GmbH verhielt sich überhaupt wenig kooperativ.

Auf die Frage des Beamten, woher das Geld stamme, erzählt Müllenbach eine unglaubwürdige Geschichte. Ein Verwandter habe ihm die Summe anvertraut. Müllenbachs Pech ist nur, daß der Verwandte sich auf Nachfrage in Widersprüche verwickelt.

Nach Monaten fruchtloser Debatten haben die Steuerfahnder das Katz- und Mausspiel satt. Sie besorgen sich einen Durchsuchungsbefehl für Müllenbachs Wohnung und Büro, und der Ordner mit der Aufschrift EU, der jetzt vor Förster liegt, ist das Resultat.

Laut Dienstvorschrift muß er den Fall nach oben melden. Wie hieß es doch so schön in dem internen Rundschreiben S 1603–8–St 421, das alle Jahre wieder zur »geflissentlichen Beachtung« zirkulierte: »Pflicht zur Berichterstattung« in Angelegenheiten, »die wegen ihres wirtschaftlichen oder politischen Gehaltes von besonderer Bedeutung« sind.

»Zur allgemeinen Bekanntgabe nicht geeignet!« steht ausdrücklich und unterstrichen in dem Memo. Nun gut, er würde seinem Vorgesetzten, Gruppenleiter Gottfried Braun in der Oberfinanzdikrektion Köln, telefonisch Meldung machen und dann einen schriftlichen Bericht schicken.

Flick-Manager Eberhard von Brauchitsch plagen andere Sorgen. Der Generalbevollmächtigte muß erfahren, daß auch Politiker auf dem laufenden sein wollen. Vor allem, wenn man etwas von ihnen will. Wie pikiert etwa reagierte Bundeswirtschaftsminister

Friderichs, als er vom Verkauf der Daimler-Benz-Aktien ausgerechnet durch seinen sozialdemokratischen Kollegen Hans Apel aus dem Finanzministerium erfuhr. In einem langen Telefonanruf rückte von Brauchitsch den Fall wieder ins Lot, versicherte, daß dies beileibe keine Absicht, sondern nur eine dumme Panne gewesen sei. Der Minister zeigte sich dennoch eine Weile beleidigt.

Peter Müllenbach, CDU, ließ sich von einem Spekulanten 110 000 Mark abknöpfen. Der Geschäftsführer des Unions-Betriebs erstattete Anzeige und brachte damit Steuerfahnder Förster auf die Spur einer Geldwaschanlage in Liechtenstein.

»Friderichs hat diese meine Erklärung nicht ganz hingenommen«, erstattet von Brauchitsch seinem Chef FKF Meldung. »Jedenfalls scheint die Sache aber insoweit in Ordnung zu sein«, heißt es in der Notiz weiter, daß der Minister trotzdem »mit uns kooperiert.«

Für die Strategie des Hauses Flick ist die Person Friderichs trotz der momentanen Verärgerung ein Glückstreffer. Einer wie er braucht nicht erst von Grund auf dazu bekehrt werden, daß das, was einer Firma guttut, auch irgendwo Deutschland zugute kommt. Wenn jemand weiß, wie es um die Seelenlage deutscher Unternehmer bestellt ist, dann der Jurist und Nationalökonom Hans Friderichs. Kein Wirtschaftsminister vor ihm hat den Umgang mit der Industrie so sehr gesucht und gefunden wie er. Keiner auch, dem dank mangelnder Distanz die Argumente der Industriellen so in Fleisch und Blut übergegangen sind.

Den grauen Flanell tadellos auf Taille, repräsentiert der Freidemokrat die Art Mann, die Mütter sich als Schwiegersohn wünschen – den Typ Klassenprimus, der sich seiner Klasse wohl bewußt ist. Stets sitzt der FDPler zur rechten Zeit auf dem richtigen Stuhl, macht Karriere, von Fall zu Fall.

Nach dem Studium startet er als Geschäftsführer der Industrie- und Handelskammer Rheinhessen, Filiale Bingen. Zielstrebig klettert er die politische Leiter hinauf – erst auf den Sessel des Bundesgeschäftsführers seiner Partei und anschließend in den Bundestag. Weil er auf Bundesebene keine Mehrheit für seine Vorliebe zur Union sieht, seilt sich der Nachwuchspolitiker als Staatssekretär zum damaligen Ministerpräsidenten Helmut Kohl nach Mainz ab.

Konflikte, die Lektion hat Friderichs frühzeitig

verinnerlicht, bringen im politischen Geschäft nichts, solange man den kürzeren dabei ziehen kann. Mit Helmut Kohl teilt der Landarztsohn aus Wittlich an der Mosel außerdem die Gemeinsamkeit vieler Aufsteiger. Neben der Altersklasse das Bestreben, sich »als politische Kräfte der Zukunft gegenseitig zu würdigen«, wie ein Parteifreund anmerkt. 1972 hebt die FDP den alerten Taktiker schließlich ins Bonner Kabinett. Schon bald ist der selbstsichere Ökonom den meisten Bundesbürgern ein Begriff, dank der regelmäßigen Fernsehauftritte, die ihm der Ölschock 1973/74 beschert.

Trotz aller Verbundenheit der Industrie gegenüber ist der »Glückstreffer« Friderichs allerdings für Flick nur bedingt verläßlich. Ihn zeichnet aus, was vielen Politikern eigen ist: Ein siebter Sinn für Gefahren, die der eigenen Karriere drohen. Vabanque war nie sein Spiel.

Zwar sei der Minister willig, »bei der Wiederanlage des Daimler-Benz-Erlöses in irgendeinem Rahmen« zu helfen, darf von Brauchitsch nach einem der zahlreichen Zusammenkünfte nach oben melden. Aber der Minister halte es »in seinem wie in unserem Interesse für unumgänglich«, vorsichtig ans Werk zu gehen. Friderichs verdankt schließlich seinen reibungslosen Aufstieg weniger ideologischen Glaubensbekenntnissen als seiner ausgeprägten Fähigkeit, Beziehungen zu pflegen und Mehrheitsverhältnisse zu berechnen.

Försters Telefonanruf hatte in der Oberfinanzdirektion Köln Hektik ausgelöst. Der Fall, soviel wittert sein zuständiger Vorgesetzter Braun, ist offensichtlich ein politischer und damit delikat. In Fällen solcher Art gilt nach herkömmlicher Beamtenerfahrung schon aus Gründen persönlicher Absicherung nur eines: Die Meldung ist schleunigst nach oben weiterzureichen.

Unverzüglich informiert der Leitende Regierungsdirektor den Oberfinanzpräsidenten, der Oberfinanzpräsident den zuständigen Ministerialdirigenten im Düsseldorfer Finanzministerium. Dieser sichert seinerseits wiederum zu, umgehend den Minister persönlich von »dem politischen Background« in Kenntnis zu setzen. Bis dahin, so bescheidet der Ministerialdirigent, möge man von weiteren Außenermittlungen erst einmal absehen. Vorsichtshalber nur, versteht sich.

Klaus Förster hat ohnedies nicht vor, die Sache an die große Glocke zu hängen. Als Müllenbach anderntags mit Anwalt und Steuerberater beim Finanzamt vorspricht, sagt der Steuerfahnder zu, die Angelegenheit so geräuschlos wie möglich über die Runden zu bringen. Ein Prinzip, das die Steuerfahndung St. Augustin meist befolgt.

Förster hat eine Aversion gegen allzu forsche Kollegen, die bei bestimmten Verdachtsmomenten ständig »Gefahr im Verzug« reklamierten, um ohne richterliche Genehmigung durchsuchen zu können. Wenn dies im Fernsehen der Alte oder der Kommissar machten, fand sich zwar in der Regel dann die versteckte Leiche. Die Erfolgsquote bei der Steuerfahndung lag bei diesen Methoden bedauerlicherweise bedeutend niedriger. Außerdem ist es für ihn eine Stilfrage. An der Sache selbst, erklärt Förster gegenüber Müllenbach und seinem Rechtsbeistand, gäbe es allerdings nichts zu deuteln. Die Fakten bei dieser großangelegten Steuerhinterziehung sprächen für sich. Die Runde vertagt sich auf die kommende Woche.

Im Bonner Bundeswirtschaftsministerium arbeiten

die Beamten unterdessen daran, für das Flicksche Milliardengeschäft einen passablen Ausweg auszutüfteln, um dem Konzern Hunderte von Millionen an Steuern zu ersparen.

Ein Schlupfloch findet sich. Wie die Lösung aussehen könnte, läßt Friderichs den Bundestagsabgeordneten Reinhold Kreile wissen. Der CSU-Abgeordnete dient dem Flick-Konzern als parlamentarischer Brükkenkopf in der Bundeshauptstadt. Der Anwalt und Steuerfachmann hält die notwendigen Verbindungen mit den verschiedenen Ebenen der Ämter.

Er sei, schreibt der Unionsabgeordnete an von Brauchitsch, »im Bundeswirtschaftsministerium zu einem sehr vertraulichen Gespräch gebeten ... Die Initiative zu diesem Gespräch sei mit Billigung, ja geradezu auf Wunsch des Bundeswirtschaftsministers selbst ergriffen worden.«

Am Anfang steht das übliche Klagen. Zunächst hätten die Beamten auf die prekäre politische Situation verwiesen. »Der Bundeswirtschaftsminister fühlt sich angesichts der Haltung von Bundesfinanzminister Apel und der SPD-Fraktion«, die gegen ei-

CSU-MdB Reinhold Kreile dient Flick als parlamentarischer Brückenkopf in Bonn. Der Anwalt hält wichtige Verbindungen zu Ministerien für die Steuer-Sparaktion.

nen Steuerverzicht eingestellt sind, »an der Grenze seiner Belastbarkeit«, gibt Kreile das Lamento der Beamtenrunde wieder.

Dann seien die Ministeriellen zum Punkt gekommen. Angesichts der schwierigen Lage schlage der Minister ein Notopfer vor. Flick solle seine vorgesehenen Investitionen in drei Teile stückeln – wegen der öffentlichen Optik. Zwei Anträge, der Löwenanteil des Geldes, würden genehmigt und für steuerfrei erklärt. Den dritten könnte der Minister dann demonstrativ ablehnen – »damit in der Öffentlichkeit sehr rasch klargestellt wird, daß der Fall Flick teils abgelehnt, teils akzeptiert wurde«, gibt Kreile die Botschaft des Ministers weiter, die ihm die Spitzenbeamten servieren.

Dabei, mahnt Kreile, dürfe es sich allerdings »nicht um einen reinen Türken handeln, der aufgebaut werde«, sondern der Antrag »müsse schon einen gewissen Gehalt haben«. Im übrigen bittet Kreile um Diskretion. Auf keinen Fall soll durchsickern, wünsche der Minister, daß der Minister über die Taktik Bescheid weiß.

Der Plan ist perfekt. Von Brauchitsch informiert unverzüglich FKF: »Wir schlagen daher vor, daß Du Deine Zustimmung erteilst, daß wir so vorgehen . . . Wenn ich von Dir nichts anderes höre, werden wir in dieser Richtung die Anträge vorbereiten.«

Der Beamte in St. Augustin backt derweil kleinere Brötchen. Der schriftliche Bericht, den Steuerfahnder Förster inzwischen an seine vorgesetzte Dienststelle schickt, unterscheidet sich im Stil nicht von vorhergehenden Reports der Art: »Im Rahmen steuerstrafrechtlicher Ermittlungen gegen . . . Peter Müllenbach fand . . . aufgrund richterlichen Beschlusses . . . eine Durchsuchung statt . . . Herr Müllenbach ist Geschäftsführer der Union Betriebs GmbH Bonn, Argelanderstraße 173.«

In trockenem Beamtendeutsch faßt Förster routiniert das Wesentliche zusammen:

»Danach besteht seit dem 31. Dezember 1968 in Vaduz, Liechtenstein, die Europäische Unternehmensberatungsanstalt, deren beide Mitglieder des Verwaltungsrates Prinz Emanuel von Liechtenstein, Vaduz, und Konsul Franz Gstöhl, Direktor in Vaduz, sind ... Aus den in dem beschlagnahmten Ordner befindlichen Prüfungsberichten des Wirtschaftsprüfers Dr. W. Hinzen, Düren, für die Jahre 1972 bis 1974 ergibt sich, daß die vorgenannte liechtensteinsche Anstalt ... erhebliche Einnahmen aus offensichtlich finanzstarken Kreisen erhalten hat. Dabei handelt es sich zumeist um auf tausend DM abgerundete Beträge, deren höchster sich immerhin auf genau 200 000 DM beläuft.« Alles Summen für Gutachten wie »Die steuerliche Behandlung von Schmiergeldzahlungen im In- und Ausland nach dem Steuerrecht der Bundesrepublik«, die allerdings »auch nicht annähernd den für sie bezahlten Preis wert sind«.

Aus den Berichten »geht nämlich hervor, daß der größte Teil der von der EU vereinnahmten Entgelte an die Organisationen einer großen deutschen Partei weitergeleitet worden sind«, es sich somit »um eine Art Parteienfinanzierung unter Verletzung zumindest steuerrechtlicher Vorschriften handelt«. Er werde, schließt Förster, über den Verlauf der weiteren Ermittlungen »unaufgefordert berichten«.

Als Förster einige Tage später in die Oberfinanzdirektion Köln bestellt wird, um seinen Oberen mündlich noch einmal Bericht zu erstatten, läßt ihn der »O«, wie Oberfinanzpräsident Hermann Mersmann überall im Amt genannt wird, Zufriedenheit spüren. Präsident Mersmann schüttelt dem Regierungsdirektor die Hand. Eine Geste, die sich der Spitzenbeamte nur für seltene Momente reserviert hat. Schließlich war Mersmann früher Offizier der Luftwaffe und hat sich auch für die jetzigen zivilen Zeiten jene Distanz zu seiner »Truppe« bewahrt, die in den Augen alter Kameraden Führungsqualität demonstriert.

Doch dieser Gunstbeweis soll der letzte sein, den Förster von Amts wegen erfährt. In einem Aktenvermerk hält der Fahnder einige Tage später die Order fest, seine Ermittlungen zu stoppen: »Am Montag, dem 8. 12. 1975, teilt Leitender Regierungsdirektor Braun telefonisch mit, daß in vorstehender Angelegenheit vorerst ... nichts weiter veranlaßt werden soll.«

Als sich Förster bockig zeigt, kommt die Weisung schriftlich. Mit dem Aktenzeichen S 1603 B–76–St 421 läßt der »O« anordnen, »in dieser Sache vorläufig keine Fahndungsmaßnahmen zu ergreifen«.

Der zermürbende Kleinkrieg des Beamten Förster gegen den Filz aus Politik, Wirtschaft und Verwaltung beginnt.

KAPITEL 3

DAS DREHBUCH FÜR DEN ERNSTFALL

»Seid wachsam, denn ihr wißt nicht, an welchem Tag euer Herr kommt.«

Matthäus 24,42

Regierungsdirektor Klaus Förster würde am liebsten aus der Haut fahren. Seit er und seine Leute die exakten Beweise für die Gesetzesverstöße in Händen halten, darf die Steuerfahndung nicht mehr weiter ermitteln. Fortan wird der Fahndungschef von seinen Vorgesetzten stets nur gefragt, ob er sich denn mit der Gegenseite schon geeinigt habe.

Den Teufel wird er tun. Dabei ist es noch nicht einmal purer Gerechtigkeitssinn, der Försters Blut so in Wallung bringt, obwohl er das Empfinden für Recht und Unrecht seit Kindesbeinen gewissermaßen mit dem Frühstück eingenommen hat. Großvater war Justizrat in Bad Wildungen, Vater Kammervorsitzender beim Bonner Landgericht. So etwas prägt. Gelegentlich, wenn er – wie derzeit – schlecht schläft, taucht in seiner Erinnerung die peinliche Szene auf, wie ihn der Vater kurz vor der Währungsreform ins Gebet genommen hatte.

Weil es zu Hause ziemlich knapp herging – Verwandte auf dem Lande, die ihnen etwas zusätzlich zusteckten, besaßen sie nicht –, hatte er auf eigene Faust bei einem Freund gegen vier Eier zwei seiner schönsten Briefmarken getauscht. Den Fang präsentierte er voller Stolz seiner Mutter. Das Dumme war nur: Der Freund hatte die Eier seiner Großmutter geklaut. Abends kam dessen Mutter zu ihnen nach Hause und forderte lautstark zurück, was Förster junior Stunden zuvor in den Haushalt eingebracht hatte. Er war sich keiner Schuld bewußt. Doch die Szene, die sein Vater ihm als vermeintlichem Hehler machte, ist ihm noch in der Erinnerung sehr peinlich.

Was den Beamten Förster freilich jetzt in Rage bringt, ist nicht nur mangelndes Unrechtsbewußtsein, sondern auch die Art und Weise, mit der die ertappten Steuersünder der Union aufwarten. Es ist die freundliche Herablassung des Kölner Steueranwalts Günther Felix, der die CDU vertritt. Der Jurist ist Spezialist, auch für Fälle der steuerlichen Grauzone. Höflich, aber unübersehbar, läßt er den Steuerfahnder spüren, daß die ganze Sache eigentlich für einen kleinen Beamten eine Nummer zu groß sei.

Jovial gesteht Felix auf der Steuerfahndungsstelle St. Augustin von Anfang an ein, daß in Sachen EU wohl in der Tat das eine oder andere nicht koscher erscheine. Gleichwohl aber, davon sei er felsenfest überzeugt, werde man sich arrangieren. Ohnedies halte er, Felix, deswegen seit der Durchsuchung ständigen Kontakt mit Försters Vorgesetzten im Düs-

Der Kölner Steueranwalt Günther Felix soll im Auftrag der Union die Affäre bereinigen. Die windigen Gutachten aus Liechtenstein seien als Betriebsausgaben absetzbar, plädiert der Jurist.

seldorfer Finanzministerium. Die Sache bedürfe, darüber bestehe dort kein Zweifel, in absehbarer Zeit grundsätzlicher Überlegungen höheren Orts. Nur sei dies für ihr Gespräch nicht von Belang, fährt der Anwalt fort.

Im übrigen sähen seine Auftraggeber die Sache so, sagt Felix, und unterbreitet einen Vorschlag zur Bereinigung der Affäre: Die Einnahmen, die von der Geldwaschanlage in Liechtenstein kassiert wurden, sollten im nachhinein versteuert werden. Dabei sei die CDU sogar großzügigerweise bereit, so zu tun, als hätte die Firma ihren Sitz in der Bundesrepublik und nicht in Liechtenstein.

Als Gegenleistung für so viel Entgegenkommen habe die Steuerfahndung ein Auge zuzudrücken, notiert sich Regierungsdirektor Klaus Förster die Quintessenz der Argumentation des CDU-Anwalts: »Bei der Lösung wird unterstellt, daß die sogenannten Gutachten einen gewissen Wert darstellen. Dies hätte zur Folge, daß die Kaufpreise für diese Gutachten bei den Käufern als Betriebsausgaben abzugsfähig wären.«

Läßt sich Förster auf den Deal ein, sind die Betroffenen aus dem Schneider. Gut, die CDU würde wohl oder übel Steuernachzahlungen zu leisten haben, schließlich hatte man die Herren in flagranti beim Betrügen ertappt. Ansonsten aber würde sie ungeschoren davonkommen. Auch von oben war er in diesem Fall gedeckt. Die Oberfinanzdirektion in Köln drängte auf stillschweigende Erledigung. Förster hat die Worte noch im Ohr, die er von seinem Vorgesetzten zu hören bekommen hatte, als er gegen den Ermittlungsstopp protestierte: »Wollen Sie Aufsehen erregen, oder was ist los.«

Der Gedanke, sich zu einigen, ist verlockend. Bis

auf ein paar Kleinigkeiten. Die Firmen könnten ihre verbotenen Parteispenden nach wie vor beim Finanzamt als Betriebsausgaben geltend machen und sich so das Geld teilweise aus der Staatskasse zurückzuholen. Und auf der Strecke würde, neben geltendem Recht, einmal mehr der Kleinste bleiben.

Denn »Herr Doktor Felix gab weiter zu verstehen«, schreibt Förster auf, »daß man keine Schwierigkeiten hinsichtlich der strafprozessualen Erledigung dieses Falles erwarten dürfe. Herr Müllenbach würde sicherlich gegen einen Bußgeldbescheid beziehungsweise Strafbefehl nicht vorgehen. Er sei eben diese Person, die man opfern müsse.«

Felix fragt, ob der Steuerfahnder »diesen Ball auffangen« könne. Um dem Ganzen Nachdruck zu verleihen, hebt der Anwalt die nationale Bedeutung einer solchen Einigung hervor. Vertraulich macht der Advokat Andeutungen. Förster dürfe nicht glauben, daß nur die Konservativen Dreck am Stecken hätten. Manipulationen nach Art der EU seien auch SPD und FDP nicht fremd. Der Beamte solle sich lieber einmal fragen, warum denn wohl dem Finanzministerium so sehr daran gelegen sei, die Sache möglichst geräuschlos »auf der unteren Ebene zu erledigen«? Im übrigen bittet der Anwalt um baldigen Bescheid. Schließlich muß er dem CDU-Präsidium berichten, ob sich die peinliche Enthüllung unter der Decke halten läßt.

Die unverblümte Mischung aus Bluff und Dreistigkeit macht Förster nahezu sprachlos. Bei jedem kleinen Fleischermeister, den ein Sachbearbeiter im Finanzamt auf dem Kieker hat, weil der Metzger einen 350er Mercedes fährt und der betreffende Amtmann nie über einen Audi 80 hinauskommen wird, ist die Steuerfahndung angehalten, nachzurecherchieren, falls auch nur die geringste Unstimmigkeit in dessen Steuererklärung auftaucht. Nur wenn dann ein wirklicher Skandal droht, glauben die Herrschaften, Hand in Hand mit der Oberfinanzdirektion faule Kompromisse schließen zu können. Bloß, weil es sich um eine große Partei handelt, die sich teure Anwälte leisten kann.

Die Unbekümmertheit seines Gegenübers, so zu tun, als wäre eigentlich alles in bester Ordnung, als hätten die Steuersünder gleichsam nur aus Versehen Hunderttausende verbotenerweise an der Steuer vorbei und nach Liechtenstein geschleust, mobilisiert Försters Widerstand. Der Rechtsanwalt verhielt sich so, als stünden nicht Tatsachen, sondern allenfalls mögliche Meinungen über Tatsachen zur Debatte. Dabei brauchte es keinerlei Phantasie, um zu erkennen, daß die gegen teures Geld den Firmen gelieferten »Gutachten« getürkt sind. Einige konnte die Europäische Unternehmensberatungsanstalt bestenfalls telefonisch oder telepathisch übermittelt haben.

»In Ausführung des von uns formulierten Auftrags«, hat Förster den Wortlaut einer Rechnung der Liechtensteiner Inkassofirma für die Frankfurter Allgemeine Zeitung noch im Kopf, »konnte unser Experte Ihnen die Ergebnisse unserer Untersuchungen in einer einmaligen Beratung vorlegen. Das Beratungshonorar beträgt vereinbarungsgemäß je Termin 10 000 DM.« Oder die Forderung an Daimler-Benz in Stuttgart: »Unsere Experten konnten Ihren Herren die Ergebnisse ihrer Untersuchungen in mehreren Sitzungen vortragen. Das vereinbarte Honorar beträgt 50 000 DM.«

In Wirklichkeit existierten weder Experten, noch gab es Beratungen oder Sitzungen. Die Gutachten, die Försters Leute tatsächlich vorgefunden haben, sind nicht besser. Sie beschränken sich in der Regel auf ein paar Seiten, zusammengeschustert und oft nur fotokopiert. Für ein angebliches »Exklusivgutachten« über die »Wirkung von Farben« überwiesen da nacheinander die Blendax-Werke, Mainz, 30 000 DM, die Kaufhof AG, Köln, 16 000 DM oder die Edeka-Zentrale in Hamburg 5000 DM.

Für wie dumm oder korrupt, denkt Förster, hält ihn der Advokat eigentlich. »Nicht koscher« – schon allein die Wortwahl macht den Fahndungschef wütend. Seine Antwort fällt ebenso knapp wie deutlich aus. Er gibt »unmißverständlich zu verstehen«, daß er der vorgeschlagenen Lösung »nicht nähertreten könne«. Seine Ablehnung hält er sicherheitshalber schriftlich in einer Aktennotiz fest.

Abschließend kündigt Förster an, bei den Firmen weitere Nachforschungen anzustellen, die solche windigen Gutachten gegen Bares erstanden haben. Felix nimmt die Antwort gelassen hin. Man werde, verabschiedet sich der Anwalt freundlich, in »Kontakt bleiben«.

Im Gegensatz zu Försters Schwierigkeiten läuft bei Eberhard von Brauchitsch alles prächtig. Die Flick-Anträge, die den überwiegenden Teil des 1,9-Milliarden-Gewinns aus dem Verkauf der Daimler-Benz-Aktien vor der Steuer retten sollen, liegen bereits beim Bundeswirtschaftsminister. Damit Hans Friderichs, wie besprochen, dem größten Teil der geplanten Investitionen das steuersparende Siegel »volkswirtschaftlich besonders förderungswürdig« verleihen kann, hat die Firma den von Ministerialbeamten erwähnten »Türken« eingebaut.

In das Paket verschnürt ist der Antrag, die Aktien einer schweizerischen Gesellschaft aufzukaufen. Nicht, daß Flick daran Interesse hätte. Friderichs wird diesen Teilantrag ablehnen. Es macht aber einen besseren Eindruck, wenn es so aussieht, als habe das Ministerium sorgfältig Für und Wider abgewogen.

Von Brauchitsch kann zufrieden sein. »Wirtschaftliche Schwierigkeiten werden nicht mit Worten und schon gar nicht mit Schlagworten, sondern allein durch Handlungen der Teilnehmer am Wirtschaftsprozeß überwunden.« Das hat der Wirtschaftsführer und ehemalige Generalbevollmächtigte von Axel Springer gerade in einer Kolumne für die »Welt« geschrieben. Daran hält er sich.

Was ist Politik denn auch anderes als ein großes Dienstleistungsgewerbe. Schon Konrad Adenauer, dem ersten Bundeskanzler, hatte der alte Flick, der Vater des jetzigen Konzernchefs, seinen früheren Privatsekretär Robert Tillmanns als Minister für besondere Aufgaben ins Bonner Kabinett geschickt. In den sechziger Jahren saß von Brauchitschs Vorgänger Wolfgang Pohle für die Firma im Bundestag. Jetzt hält Reinhold Kreile die Position des Flick-Statthalters im Bonner Parlament.

Ganz abgesehen davon, daß Politiker selbst ständig um Geld verlegen sind – da stehen kostspielige Wahlkämpfe an, müssen die richtigen Leute des jeweiligen Flügels versorgt und gefördert werden. Die Ausgaben für den aufwendigen Parteiapparat gehen in die Millionen.

Erst vor einem halben Jahr hat das FDP-Präsidium von Brauchitsch zusammen mit anderen Wirtschaftsführern zu einem vertraulichen Gespräch gebeten. Die Herren eröffneten ihnen die desolate Finanzlage der Partei. Sie standen mit Millionenkrediten ausgerechnet bei der gewerkschaftseigenen Bank für Gemeinwirtschaft in der Kreide und konnten nur mit

Mühe den Kredit bedienen. Die Unabhängigkeit der FDP, insbesondere im Verhältnis zu »gewissen SPD- und Gewerkschaftskreisen«, sei gefährdet, beschwor das FDP-Präsidium die Crème der deutschen Industrie. Man bitte um Hilfe.

Die Manager zögerten nicht. Jürgen Ponto von der Dresdner Bank übernahm es, einen wesentlichen Teil der Kredite bei der Bank für Gemeinwirtschaft abzulösen und umzuschulden. Andere Herren gaben für die nächsten Jahre verbindliche Spendenzusagen. Der Flick-Konzern sagte dem FDP-Schatzmeister Heinz Herbert Karry drei Millionen zu. Schließlich ging es darum, zuverlässige Verfechter der »Freien Marktwirtschaft innerhalb der sozial-liberalen Koalition« zu stärken.

Die Zusage wirkte sich zugunsten des geplanten Steuernachlasses nicht gerade nachteilig aus. Nun kam es darauf an, den ministeriellen Segen für die Flick-Anträge ohne störende Öffentlichkeit zu bekommen. Es fehlte nur noch, daß »Spiegel« oder STERN von der Sache Wind bekämen.

Flick-Direktor Fritz Wacker, der in Bonn den Kontakt auf der Ebene der Ministerialbeamten hält, hat sich des Problems bereits angenommen. In einer Notiz an von Brauchitsch läßt er den Generalbevollmächtigten wissen, daß die Firma sich keine Sorgen machen muß: »Wir haben über die Behandlung von Anfragen der Presse gesprochen.« Ausgehend »von der gemeinsamen Überzeugung, daß über das Ingangsetzen des offiziellen Verfahrens möglichst nichts bekannt wird, weil andernfalls zu befürchten ist, daß bestimmte Teile der Presse sich . . . einschießen«, haben beide Seiten sich abgesprochen: Die Aufgabenverteilung ist wie gehabt. Die Firma Flick »antwortet auf entsprechende Fragen: ›Wir sprechen

Deutsche Industrielle sagen den Freien Demokraten finanzielle Hilfe zu. Das Haus Flick garantiert FDP-Schatzmeister Heinz Herbert Karry dabei drei Millionen, um »die freie Marktwirtschaft zu stärken«.

über den 6b-Komplex nicht vor unserer nächsten Pressekonferenz.‹ Das Ministerium antwortet: ›Der Vorgang fällt unter das Steuergeheimnis.‹«

Lediglich die Sozialdemokraten im Bundesfinanzministerium machen von Brauchitsch noch Sorgen. Zwar ist die Geschichte bei Friderichs im federführenden Wirtschaftsministerium ohne Zweifel in besten Händen. Gleichwohl muß dessen sozialdemokratischer Kabinettskollege Hans Apel der Prozedur zustimmen. Als er sich vor kurzem mit Apel verabredet hatte, sagte der Finanzminister kurzfristig ab. Er möchte, ließ Apel dem Flick-Manager ausrichten, dieses Gespräch lieber »nicht führen, um die Hände freizubehalten«. Nun gut, Brauchitsch würde gelegentlich mit dem Spendensammler der SPD reden. Genosse Alfred Nau hat es gleichfalls mit den Händen. Nur hält der sie meistens auf.

Über eventuellen Widerstand aus den Reihen der Sozialdemokratie wird von Brauchitsch sowieso auf dem laufenden gehalten. Gegen einen monatlichen Scheck hat er Günter Markscheffel als Berater verpflichtet. Der ehemalige Chef des Bonner SPD-Pressedienstes braucht dringend Geld. Da trifft es sich gut, daß Markscheffel Zugang zu den Sitzungen der SPD-Bundestagsfraktion hat. »Ich lege großen Wert darauf«, gibt von Brauchitsch an den Pressesprecher des Flick-Konzerns Weisung, »daß wir aus den Erkenntnissen von Herrn Markscheffel Honig saugen.«

Und was Minister Apel angeht, wird Friderichs bald »wieder mit mir zusammentreffen«, schreibt von Brauchitsch an den Konzernherrn Flick, »um unter vier Augen zu erörtern, welche flankierenden Hilfen wir insbesondere beim Bundesfinanzministerium einleiten können«.

Der Bericht ihres Unterhändlers Günther Felix

alarmiert die CDU-Zentrale. Die Folgen von Försters Sturheit mögen sich die Oberen gar nicht erst im Detail ausmalen. Womöglich geht der Beamte sofort daran, die Unternehmen zu durchsuchen, die der Partei so hilfreich unter die Arme gegriffen haben. Und das ausgerechnet jetzt, wo in einigen Monaten die Bundestagswahlen vor der Tür stehen. Försters Aktivitäten, darüber ist sich die Runde rasch einig, gilt es vorzubeugen. Was denkt der Steuerfahnder eigentlich, wer er ist!

Das Drehbuch, das für den Ernstfall einer solchen Affäre vorgesehen ist, liegt seit Jahren in der Schublade der Unions-Verantwortlichen. Der Steuerberater der Union Betriebs GmbH, Wilhelm M. Hintzen aus Düren, hat es vorsorglich bereits im Oktober 1972 verfaßt. Hintzen ist ein Mann der Praxis – im doppelten Sinn des Wortes. Zum einen hat der Steuerberater an der Liechtenstein-Connection mitgedreht. Zum anderen weiß er als vereidigter Wirtschaftsprüfer mit Recht und Gesetz umzugehen.

»Sollte sich die steuerliche Betriebsprüfung bei der Bundespartei ansagen oder gar die Steuerfahndung in den Räumen der Bundesgeschäftsstelle erscheinen, so ist die Lage meines Erachtens wie folgt«, beginnt der Notplan. Als erstes rät Hintzen, die Herren vom Finanzamt einfach abzuwimmeln. Da bei dem CDU-Betrieb das Kind allerdings schon in den Brunnen gefallen ist, tritt Teil zwei der Verhaltensregeln in Kraft: »Verhandlungen sind nur mit den Vorgesetzten der Erschienenen sinnvoll«, empfiehlt Hintzen aus alter Erfahrung. Deswegen »müssen sich andere Angehörige der Bundespartei mit der auftraggebenden Stelle in Verbindung setzen, um die erschienenen Beamten zum Rückzug zu bewegen«.

Damit die Parteimanager wissen, an wen sie sich

alles zu wenden haben, listet Punkt fünf des Geheimpapiers die Anlaufadressen auf: »Wegen der Turbulenz unserer Zeit ist es erforderlich, daß innerhalb der Bundespartei und auch außerhalb des Sitzes derselben je eine Vertrauensperson mit je einem Vertreter benannt wird, welche Listen zu führen haben über a) Namen der in Bonn berechtigten Richter; b) Namen des in Bonn zuständigen Obersten Staatsanwalts und seiner Vertreter; c) Namen der obersten Polizeibeamten.« Inklusive aller Privatanschriften.

»Wachet und betet, denn ihr wißt weder den Tag

Wirtschaftsprüfer Wilhelm M. Hintzen fädelte den Trick mit den Gutachten mit ein. Er tüftelte einen Notplan aus, wie die Steuerbehörden im Falle eines Falles gebremst werden sollten.

noch die Stunde, wann der Herr kommen wird«, beendet Christdemokrat Wilhelm M. Hintzen scherzhaft seine schriftlichen Anweisungen.

Der Fall ist unterdessen zu weit fortgeschritten, als daß es sich die CDU jetzt noch leisten könnte, den Erfolg allein von Interventionen auf der Verwaltungsebene abhängig zu machen. Jetzt ist es vonnöten, »die politische Schiene zu fahren«, um den Tatendrang des kleinen Steuerfahnders aus St. Augustin zu dämpfen.

Da trifft es sich gut, daß die Genossen, die an Rhein und Ruhr am Ruder sind, ein gleiches Problem plagt. »SPD und CDU sind überreich«, beschreibt das Düsseldorfer Handelsblatt das parteiübergreifende Dilemma, »an Schulden.« Aufwendige Wahlkämpfe haben sie allesamt in die roten Zahlen getrieben. Die Parteien leben permanent über ihre Verhältnisse. Auf dieser Basis der Gemeinsamkeiten wird man vorstellig werden, mit der Bitte um Zurückhaltung.

Die Sache ist ein Fall für Walther Leisler Kiep. Zum einen fällt die Angelegenheit in sein Metier als Bundesschatzmeister der Union. Zum anderen ist Kiep ein Mann mit Manieren. Groß, schlank, graue Strähnen im dichten Haar, Zuversicht im zerfurchten, gebräunten Gesicht und meist von bestrickender Freundlichkeit. Ein Vorzeigeexemplar liberaler Gesinnung in der Union. Und ein Paradiesvogel: Finanziell unabhängig, ragt er aus der Masse meist mausgrauer Politiker heraus. Ein Wort wie das seine zählt, selbst beim politischen Gegner.

Seit Kiep das Amt als Kassenwart angetreten hat, verringern sich die Schulden der Partei. Seine Nehmerqualitäten sind beachtlich. Die Dame, die das Büro des Schatzmeisters im CDU-Hauptquartier ma-

Seitdem der CDU-Abgeordnete Walther Leisler Kiep das Amt des Schatzmeisters der Union bekleidet, verringern sich die Schulden der Christdemokraten merklich. Um die Ermittlungen in Sachen EU einzuschränken, wird er bei den Genossen an Rhein und Ruhr mit Erfolg vorstellig.

nagt, verkörpert sozusagen eine leibhaftige Spende. Ingrid Bickmann arbeitet zwar für die Union, steht aber auf der Gehaltsliste eines Versicherungskonzerns. Der wiederum setzt das Gehalt der Sekretärin im Dienste der Partei – über die Jahre immerhin rund eine halbe Million Mark – beim Finanzamt als Betriebskosten steuermindernd ab. So, als würde Frau Bickmann in der eigenen Firma arbeiten.

Für die Verhandlungen, die jetzt mit der SPD wegen des starrköpfigen Steuerfahnders nötig sind, ist Kieps wohltemperierte Verbindlichkeit jedenfalls wie geschaffen. Außerdem ist der CDU-Mann als Teilhaber der Versicherungsfirma Gradmann & Holler von Beruf Rückversicherer. Gespräche auf gehobener Ebene und auf der Basis gebundener Hummersuppen haben schon in der Vergangenheit manch Trennendes zwischen den Parteien beseitigt. Die kurzfristigen Termine bei Nordrhein-Westfalens Ministerpräsident Heinz Kühn, bei Finanzminister Friedrich Halstenberg und bei Justizminister Diether Posser werden ohne Schwierigkeiten anberaumt.

Das Netz um Steuerfahnder Klaus Förster zieht sich zusammen.

KAPITEL 4

EINE BESCHWERDE WIRD AUF EIS GELEGT

»Wir haben natürlich versucht, die Spitzen der Verwaltung und auch deren Unterbau davon zu überzeugen, daß es in einem demokratischen Rechtsstaat eigentlich zweckmäßiger und richtiger ist, das Recht anzuwenden, als politischem Druck nachzugeben.«
Eberhard von Brauchitsch

Seit seiner ersten Verhandlung mit dem Anwalt der CDU hat sich für Klaus Förster die Lage nicht verändert. Günther Felix wiederholt sein Angebot, den »Fall EU« mit einer Steuernachzahlung auf sich beruhen zu lassen. Förster lehnt erneut ab. Ansonsten gilt für ihn noch immer die Anweisung von oben, nicht weiter zu ermitteln.

Aus dem Düsseldorfer Finanzministerium empfängt seither die Kölner Oberfinanzdirektion in regelmäßigen Abständen die Botschaft, daß der von CDU-Anwalt Felix angebotene Vergleich, etliches an Steuern nachzuzahlen und dann die Sache niederzuschlagen, so schlecht nicht sei. Die Oberfinanzdirektion wiederum läßt Förster wissen, was das Ministerium die Oberfinanzdirektion wissen ließ – und Förster läßt seine Vorgesetzten wissen, daß er die Lösung für rechtswidrig hält. So geht das Spiel hin und her.

Das Gezerre sorgt im schläfrigen Finanzamt St. Augustin für Gesprächsstoff. Finanzamtsvorsteher Söhngen läßt Klaus Förster spüren, daß er ihn jetzt nicht nur für jemanden hält, der permanent zu spät im Amt erscheint, was in seinen Augen kaum verzeihlich ist, sondern er hält den Steuerfahnder darüber hinaus auch noch für unflexibel.

In der Kantine des Finanzamtes wechselt die Stimmung jeweils mit den neuesten Gerüchten, wuchert das Dickicht der Mutmaßungen. Mal hat jener Kollege gehört, das Ministerium wolle sich hart geben, mal ein anderer, die Schatzmeister aller Parteien seien zu einer Art großer Koalition zusammengetreten, und der Finanzminister in Düsseldorf werde überhaupt nichts unternehmen.

Mit der Zeit läßt die Spannung nach, pendelt sich die Stimmung zwischen den Aktenbergen wieder auf den üblichen Pragmatismus ein. »Mein Gott, Förster hat ja an und für sich recht«, formiert sich der kollektive Stoßseufzer der Beamtenriege. Doch die da oben seien allemal am längeren Hebel. Gelegentlich müsse man halt fünfe gerade sein lassen, schließlich sei man doch Beamter und weisungsgebunden.

Försters Vorgesetzte appellieren an die Einsichtsfähigkeit. Gut, von Rechts wegen möge Försters Verhalten ja o. k. sein. Man selbst halte den Vorschlag von Felix nicht gerade für das Gelbe vom Ei. Allerdings, wenn Förster sie frage, man würde wahrscheinlich nachgeben. Im übrigen wollen sie nichts gesagt haben. Aber manchmal passiere es in der Verwaltung, daß einer einfach versetzt werde. Von heute auf morgen.

Ungewöhnliche Situationen erfordern ungewöhnliche Maßnahmen, sagt Margarete Förster, als ihr Mann daheim von seinen Schwierigkeiten im Amt erzählt und was er dagegen zu tun gedenke. Frau Margarete hat gut reden. Sie ist selbständige Apothekerin, ihr redet niemand drein.

Bisher hat Klaus Förster noch nie in seiner steilen Beamtenkarriere gegen seine Vorgesetzten aufgemuckt – zumindest nicht offiziell. Sein Auftreten hat sich seit den frühen Tagen als Finanzassessor nicht geändert. »Bei höflichem, aufgeschlossenem und kameradschaftlichem Wesen ist sein Auftreten doch sicher, bestimmt und von einer gewissen Energie getragen«, urteilte damals sein Ausbilder. »Das Verhalten des Beamten zu Vorgesetzten war ohne Tadel.«

Nicht, daß er deswegen in die Riege der »Hundertfünfzig-Prozentigen« einzureihen wäre. Gelegentlich ballte Klaus Förster die Faust, und nicht nur in der Hosentasche, wenn er beispielsweise mit der eigenen Bürokratie konfrontiert wurde. Wenn ein Finanzamt allen Ernstes aus »grundsätzlichen Erwägungen« wegen ein paar hundert Mark darauf beharrte, daß die Steuerfahndung aktiv wurde.

Aber meistens bringen offizielle Beschwerden nichts ein, und normalerweise findet sich auch so ein Ausweg, unsinnige Anweisungen vorgesetzter Dienststellen zu torpedieren. Für gewöhnlich nimmt man einen Aktendeckel, versieht ihn mit einem frischen Aktenzeichen und läßt »den Vorgang« ruhen. Nach dem Ablauf einer angemessenen Frist können dann »bedauerlicherweise keine Anhaltspunkte für ein steuerliches Vergehen« gefunden werden – und die Sache ist vergessen.

Der »Fall Europäische Unternehmensberatungsanstalt« liegt jedoch anders. Wenn Förster sich und seinen Beruf ernst nehmen soll, und daran ist ihm viel gelegen, bleibt dem Fahndungschef keine andere Wahl, als schriftlich gegen die offensichtliche Verschleppungstaktik der oberen Finanzbehörde zu protestieren. Wie heißt es doch im Beamtengesetz: »Der Beamte trägt für die Rechtmäßigkeit seiner dienstlichen Handlungen die volle persönliche Verantwortung.« Bedenken gegen »die Rechtmäßigkeit dienstlicher Anordnungen« hat er »unverzüglich bei seinem unmittelbaren Vorgesetzten geltend zu machen«.

Als weitere Wochen verstreichen, ohne daß sich in »Sachen EU« etwas tut, reißt Regierungsdirektor Förster im Mai 1976 der Geduldsfaden. Der Steuerfahnder »remonstriert«. So heißt auf Amtsdeutsch, wenn ein Beamter, was alle Jubeljahre einmal vorkommt, offiziell und schriftlich gegen eine Anweisung von oben protestiert. Klaus Förster will endlich weiterermitteln.

Die seit der »Durchsuchung im Fall Müllenbach erteilte Anweisung«, hämmert der Steuerfahnder in seine Schreibmaschine, »vorläufig keine Fahndungsmaßnahmen zu ergreifen, begegnet erheblichen Bedenken«. Punkt für Punkt listet Förster auf, wie erfolgreich sich die Steuersünder dank behördlicher Rückendeckung bislang aus der Affäre ziehen konnten: »Bereits erwirkte Durchsuchungs- und Beschlagnahmebeschlüsse des Amtsgerichts Bonn konnten noch nicht ausgeführt werden.« Obwohl »mehrfach angekündigt«, sind von »seiten der EU-Vertreter keine weiteren schriftlichen Einlassungen« bei der Steuerfahndung in St. Augustin eingetroffen. »Angekündigte Stellungnahmen«, mit denen die CDU den Steuerschwindel erklären will, fehlten bis dato ebenfalls.

Die »mündlich angebotenen Lösungsvorschläge« gehen von einem Tatbestand aus, schreibt Förster in seiner dreiseitigen Beschwerde, der mit den Fakten nichts zu tun hat. Eine weitere Verzögerung der Bearbeitung dieses Falles erscheint »unverantwortlich«. Es drohten Verjährungsfristen. Das Fazit des Steuerfahnders: »Die allein im parteipolitischen Bereich liegende Brisanz dieses Falles aber darf kein Grund sein, dieses Verfahren auf die lange Bank zu schieben.«

Fahndungschef Förster fährt nach Köln zur Oberfinanzdirektion, um den Bericht persönlich abzugeben. Der Kommentar seines Chefs fällt knapp aus. Es lohne nicht, sich in solchen Sachen zum Märtyrer zu machen, Förster würde dieses schon noch begreifen. Er werde die Beschwerde umgehend an den »O« weitergeben.

Es ist dieser bedingungslose »vorauseilende Gehorsam« seiner Vorgesetzten, der dem Steuerfahnder mehr und mehr zu denken gibt. Das Schema, das über Anordnung und Gehorsam nicht hinausgeht, ist ihm bisher nie so deutlich aufgefallen. Dieses mißbilligende Kopfschütteln, die abwehrenden Handbewegungen, mit denen Vorgesetzte Signale senden, Widerstände gefälligst zu unterlassen – all das widerstrebt ihm. Er mochte es schon in der Schule nicht leiden, wenn Lehrer seine Bedenken auf die leichte Schulter nahmen. »Klaus hat sich noch nicht voll in die Klasse eingefügt«, hatte deshalb einmal sein Klassenlehrer ins Zeugnis geschrieben, »jedoch hat er durch seine gerade Art die Achtung seiner Lehrer und Mitschüler erworben.«

Die Nachrichten, die, ein paar Straßenzüge vom Düsseldorfer Finanzministerium entfernt, in der Zentrale des Flick-Konzerns eintreffen, sind wenig

Gegen einen monatlichen Scheck versorgt der Genosse Günter Markscheffel das Haus Flick mit Informationen aus der SPD. Der einstige Leiter des SPD-Pressedienstes hat freien Zugang zur Fraktion und zu den Ministern.

erfreulich. Während Flick-Manager Eberhard von Brauchitsch mit allen ihm zu Gebote stehenden Mitteln versucht, den Verkauf von Daimler-Benz-Aktien in Höhe von fast zwei Milliarden Mark ohne Steuerabzug über die Bühne zu bringen, scheinen einige Abgeordnete der Sozialdemokraten sich auf Kosten des Hauses Flick profilieren zu wollen. Volksvertreter Rolf Böhme, so berichtet Flick-Gewährsmann Günter Markscheffel von den Sitzungen der SPD-Bundestagsfraktion, macht gegen die Steuerbefreiung Stimmung.

Genosse Markscheffel versucht, den Flick-Manager zu beruhigen. »Ich bin nämlich sicher«, schreibt er, »daß es sich um einen Alleingang handelt, der nur den Zweck hat, sich gegenüber anderen zu profilieren.« Trotzdem – bei den Sozis weiß man ja bekanntlich nie . . . Immerhin, Genosse Markscheffel ist seine 3000 Mark wert, die ihm von Brauchitsch Monat für Monat anweisen läßt.

Für manche Genossen, so wird dem Flick-Manager in diesen Tagen klar, ist Flick offensichtlich ein Reizwort. Vorsicht ist geboten. Schließlich sind die betreffenden Minister nicht bloß Verwaltungschefs, sondern in erster Linie Politiker und damit von der Stimmung in der Fraktion abhängig. Er wird mit einigen Spitzengenossen reden, um einen »Damm gegen die Flut politischer Emotionen zu errichten«. Von Brauchitsch notiert sich das Ziel einer solchen Unterhaltung: der »Übersensibilität führender sozialdemokratischer Politiker und ihrer Sorge vor der Konfrontation mit der Parteibasis« entgegenzuwirken.

Da trifft sich gut, daß der einstige SPD-Schatzmeister Alfred Nau immer mal wieder um Spenden für die parteieigene Friedrich-Ebert-Stiftung nachsucht. Naus Einfluß in der Partei ist nicht zu unterschätzen.

Es war »für unsere Zwecke gut, Herrn Nau heiter zu stimmen. Er kam dann immer wieder, wenn er nicht mehr heiter war«, wird von Brauchitsch Jahre später öffentlich zum besten geben.

Ansonsten läuft die Sache wie geschmiert. Die Flick-Anträge auf Steuerbefreiung müssen nach dem positiven Votum von Bundeswirtschaftsminister Friderichs nur noch von den zuständigen Länderministern abgesegnet werden – eine bloße Formalität. Von dort sind keine Schwierigkeiten zu erwarten. Horst-Ludwig Riemer, in Nordrhein-Westfalen FDP-Wirtschaftsminister, hat beispielsweise von Brauchitsch schon mitgeteilt, daß er den Antrag wärmstens befürworte. »Minister Riemer hat mir bestätigt, daß die 6b-Vorlage aus Bonn heute von ihm abgezeichnet worden ist«, notiert sich von Brauchitsch. Riemer geht noch weiter, empfiehlt ausdrücklich, den Konzern zu der geplanten Investition zu ermuntern. Die Absicht des positiven Votums soll »eine Gegenposition« zu den kritischen Betrachtungen aufbauen, die das Ganze nicht für empfehlenswert halten, weiß von Brauchitsch. Der FDP-Minister Riemer wird sich noch öfters für die Firma einsetzen. Und Flicks Buchhalter Diehl wird immer wieder mal den Namen des Politikers auf der Ausgabenseite seines Kassenbuches vermerken. Riemer hat auch sonst Grund zur Dankbarkeit. Um im Landtagswahlkampf 1975 und danach den blassen Politiker landesweit bekannt zu machen, spannte Flick die Düsseldorfer Werbefirma Troost ein – für 1,2 Millionen Mark.

Vorsichtshalber hat von Brauchitsch auch mit dem Schatzmeister der Union, Walther Leisler Kiep, telefoniert und das Ergebnis des Gesprächs weitergegeben: »Kiep kümmert sich in gleicher Weise wie die anderen Herren um den Vorgang.«

Der Spendensammler und
einstige Schatzmeister der SPD,
Alfred Nau, streicht für
die Partei hohe Beträge aus dem
Hause Flick ein. Es war gut,
»Herrn Nau heiter zu stimmen. Er
kam dann immer wieder,
wenn er nicht mehr heiter war«, er-
zählte von Brauchitsch vor
dem Flick-Untersuchungsausschuß.

Mit den Liberalen hat der Konzern auch sonst keinerlei Schwierigkeiten. Als Minister Friderichs von Brauchitsch wieder einmal zu Hause in Metzkausen besucht, legt der Politiker dem Manager seinen Parteifreund Lambsdorff ans Herz, bittet, daß der Bundestagsabgeordnete vom Konzern »gut behandelt« werde. Friderichs weiß nicht, daß es der Fürsprache gar nicht bedarf. Von Brauchitsch pflegt bereits seit längerem mit dem Grafen gelegentlich zu speisen, vorzugsweise im Düsseldorfer Restaurant »Müllers & Fest«. Der Konzern steckt dem Liberalen seit Jahren hie und da einige tausend Mark zu. Schließlich ist Lambsdorff Schatzmeister der FDP in Nordrhein-Westfalen. Dann trägt Konzernbuchhalter Diehl wieder akribisch in seine Liste ein: »7. 7. 75. . . wg. Graf Lambsdorff 25 000 DM.«

Der Graf ist nicht undankbar. Bei der Steuerbefreiung hat er geholfen, ohne daß es Friderichs so richtig mitbekommen hat. »Ich hatte zu dem Gesamtkomplex vor zwei Wochen ein ausführliches Gespräch mit Graf Lambsdorff, dem wirtschaftspolitischen Sprecher der FDP. In dem Gespräch bei Friderichs habe ich feststellen können, daß Lambsdorff mit unseren Argumenten dort bereits gearbeitet und bei Friderichs Eindruck gemacht hatte«, hatte sich der Manager vor Wochen schon notiert. Es ist eben immer besser, mehrere Eisen im Feuer zu haben, und Friderichs muß schließlich nicht alles wissen.

Der Graf reitet in vielen Sätteln. Daß er dabei einmal das falsche Pferd besteigt, ist für den Flick-Konzern nicht zu befürchten. Zwar ist der deutschen politischen Szene der Name Lambsdorff erst so recht seit der Bundestagswahl 1972 geläufig. Doch wie kein anderer Bundestagsneuling versteht es der liberale Newcomer, Fernsehlinsen und Mikrofone auf sich zu ziehen. In kürzester Zeit avanciert er zum Wirtschaftssprecher der FDP.

Der gelernte Bankier Dr. jur. Otto Friedrich Wilhelm von der Wenge Graf Lambsdorff, einstiger Generalbevollmächtigter des feinsten und größten privaten Bankhauses Trinkaus in Düsseldorf, gilt seit seinem Einzug ins Parlament als Hoffnungsträger der deutschen Wirtschaft. Die Sozialdemokraten, mit denen seine Partei eine Regierungskoalition bildet, sind für den Rotarier und das Vorstandsmitglied der Viktoria-Versicherungsgruppe nämlich noch allemal »Sozis«, die es zu korrigieren gilt.

»Natürlich bringt man seine eigenen Erfahrungen aus der Wirtschaft, aus der Industrie, dem Kreditgewerbe in die politische Arbeit ein. Das wissen meine vielen Freunde in der Wirtschaft«, hat der kampflustige FDP-Adlige von Anfang an klargemacht. »Sie können damit rechnen, daß ich immer bereit bin, Ihren Wünschen ein offenes Ohr zu leihen.« Dem entspricht folgerichtig sein Credo, wonach das bundesdeutsche Wirtschaftssystem am besten funktioniert, wenn bei den Unternehmen die Kasse stimmt. Die Gewerkschaften tadelt der gräfliche Haudegen stets wegen zu hoher Lohnabschlüsse. Löhne sind für ihn zunächst einmal Kosten und erst in zweiter Linie Arbeitnehmereinkommen. Kompromißlos kämpft er gegen die paritätische Mitbestimmung.

Geschnitzt aus dem Holz der Aufbaugeneration, ist der Graf, Jahrgang 1926, hart gegen sich selbst und seine politischen Widersacher. Gerade so, als befände er sich noch immer auf dem Internat seiner Jugendzeit, der »Ritterakademie Dom zu Brandenburg« in Brandenburg an der Havel, wo es nach eigenem Bekunden hart, ungeheizt und traditionsbewußt herging. Trotz Oberschenkelamputation auf-

Um die Steuerbefreiung für die 1,9 Milliarden Mark aus dem Verkauf der Flick-Mercedes-Aktien zu erreichen, trifft sich von Brauchitsch des öfteren mit Wirtschaftsminister Lambsdorff. Firmenbuchhalter Diehl notiert dann: »6. 12. 77 v. B. wg. Graf Lambsdorff 30 000.«

grund einer Kriegsverletzung treibt der Politiker Sport, macht das Goldene Versehrtensportabzeichen nicht nur einmal, sondern sechsmal.

Ein Charakter wie Lambsdorff ist für die Wirtschaft Gold wert, und auf einen solchen Mann braucht man Eberhard von Brauchitsch nicht erst aufmerksam zu machen.

Die Visite von CDU-Schatzmeister Walther Leisler Kiep bei den regierenden Genossen in den Düsseldorfer Ministerien in »Sachen EU« stößt auf Wohlwollen. Schließlich weiß Finanzminister Friedrich Halstenberg, daß auch die eigene Partei bei Spenden keine besonders weiße Weste vorzuzeigen hat. Försters oberstem Dienstherrn ist das Gewerbe ohnedies nicht fremd. Ein gutes Jahr später wird Halstenberg selbst als Schatzmeister der Sozialdemokraten bei der Wirtschaft Klinken putzen gehen. Auskünfte über »Gespräche mit Steuerpflichtigen, Beratern und sonst an steuerlichen Individualvorgängen beteiligten Personen« wären für ihn eine Verletzung des Steuergeheimnisses. Dies teilt er später der »Wirtschaftswoche« mit, die von der Sache Wind bekommen hatte und bei Halstenberg anfragte. Der Fall soll unter der Decke bleiben. Auch SPD-Ministerpräsident Heinz Kühn, dem Kiep seine Aufwartung macht, hat Verständnis für die mißliche Lage der Union. Die Herren teilen einen besonderen Sinn für Fairplay. Man stelle sich bloß einmal vor, führt der CDU-Schatzmeister der Gesprächsrunde vor Augen, der Skandal würde noch vor den anstehenden Bundestagswahlen im Herbst 1976 ruchbar, und die Union müßte bei dem Urnengang möglicherweise über die Maßen Federn lassen. Das könnte eine Schieflage für die gesamte freiheitlich demokratische Grundordnung nach sich ziehen, wo doch die Parteien bei

Försters einstiger oberster Dienstherr, Finanzminister Halstenberg, wird bald als Schatzmeister der SPD bei der bundesdeutschen Wirtschaft Klinken putzen und um Spenden anhalten.

der Willensbildung des Volkes laut Grundgesetz ausdrücklich mit von der Partie sein sollten. Die Runde ist beeindruckt.

Es ist die Aufgabe von Ministerialdirigent Ernst Spindler aus dem Düsseldorfer Finanzministerium, dem widerspenstigen Steuerfahnder aus St. Augustin die Lage der Nation zu verdeutlichen. Er bestellt Förster zwei Tage nach dessen Beschwerde ins Ministerium und teilt ihm die konkreten Abmachungen mit der Union mit: Weiterermitteln, führt der Spitzenbeamte aus, sei erst einmal nicht drin. Nach den Bundestagswahlen werde man weitersehen. Spindler läßt einfließen, mit welch bitterem »Ernst« man die Angelegenheit verhandelt hätte. So habe man beispielsweise erreicht, daß Förster künftig nicht mehr bloß mit dem Anwalt Günther Felix zu verhandeln brauchte. Auf Drängen des Ministeriums sei Kiep sogar so weit gegangen, einen weiteren Verhandlungspartner zu stellen.

Der neue Mann heißt Horst Weyrauch, Wirtschaftsprüfer und Vorstandsmitglied der renommierten »Vereinigten Deutschen Treuhand-Gesellschaft« in Frankfurt. Kiep und Weyrauch kennen sich schon länger. Zu den Besprechungen mit dem neuen Unterhändler wird Förster fürs erste nicht hinzugezogen. Wenn der Regierungsdirektor an den Gesprächen teilnähme, so bedeutet ihm die Oberfinanzdirektion, könnte dies womöglich die Aussagebereitschaft des Wirtschaftsprüfers hemmen.

Horst Weyrauch weiß die Sonderbehandlung zu schätzen. Es ist ihm bald »ein Anliegen«, schreibt er dem Ministerialdirigenten Ernst Spindler, »Ihnen gegenüber als Leiter der Steuerabteilung Ihres Hauses dafür zu danken, daß Sie bisher so konstruktive Beiträge zu der gebotenen Erledigung der Angelegenheit geleistet haben«.

Förster ist abgeblockt. Die Solidarität der Demokraten hat einstweilen gesiegt.

KAPITEL 5

AUFGESCHOBEN IST NICHT AUFGEHOBEN

»Regelmäßige Aufenthalte in Fettnäpfchen sind bei mir an der Tagesordnung. Das will ich zugeben«.

Ex-Finanzminister Hans Apel

Regierungsdirektor Klaus Förster fühlt sich nicht besonders. Die Art und Weise, wie ihn seine Vorgesetzten abbügeln, setzt ihm offensichtlich zu. Allein fünf Doppelfehler hat er sich am Wochenende beim Tennisturnier seines Vereins in Königswinter geleistet. Das ist ihm seit Jahren nicht mehr passiert.

Langsam beginnen sich die Querelen aus dem Amt in seinem Kopf so breitzumachen, als gäbe es sonst nichts mehr auf der Welt. Seine Frau hört ihm zwar geduldig zu, wenn er immer häufiger von seinen Auseinandersetzungen wegen der »Europäischen Unternehmensberatungsanstalt« erzählt. Trotzdem ist es ihm langsam unangenehm, wie sehr ihn die Sache beschäftigt.

Andererseits kann der Fahndungschef nicht ohne weiteres zur Tagesordnung übergehen. Dagegen sträubt sich sein Pflichtgefühl ebenso wie sein Selbstbewußtsein. Wenn deutsche Firmen Geld nach Liechtenstein schaffen, um angeblich Gutachten für ihre Unternehmen zu bezahlen, dann ist das eine Sache; wenn aber damit in Wirklichkeit die CDU auf Kosten der Steuerzahler gesponsert wird, dann ist dies wie in dem vorliegenden Fall für ihn schlichter Steuerbetrug – selbst wenn es seine Vorgesetzten nicht wahrhaben wollen. Doch so können die nicht mit ihm umspringen, Klaus Förster ist immerhin Regierungsdirektor.

Schon früher, als er sich noch für die Leichtathletik begeisterte, hatten ihn schwierige Situationen mehr angestachelt als ermüdet. Nicht unbegabt, mußte er sich etliche Jahre plagen, bis er in die Phalanx der deutschen Spitzenklasse im Sprint vorstieß. Erst brachte er es über 100 Meter zum Hochschulmeister, dann belegte er bei der Universiade in Paris den 2. Platz. Und schließlich gewann er sogar, zusammen

Der Druck seiner Vorgesetzten
setzt dem Leiter der Steuerfahndung
Klaus Förster zunehmend zu.
Sein Denken kreist mehr und mehr
um die Vorgänge im Amt.
Der korrekte Beamte sieht sich
nach Mitstreitern um.

Den einstigen Sprinter der deutschen Spitzenklasse, hier beim Stabwechsel mit Manfred Germar, stacheln von jeher schwierige Situationen mehr an, als daß sie ihn abschrecken.

mit den Sprintgrößen Lauer und Germar, den deutschen Meistertitel über 4x100 Meter. Seit diesen Tagen ist Förster eine bestimmte Zähigkeit eigen.

Die Stimmung im Finanzamt ist nicht dazu angetan, Abstand von der Affäre zu gewinnen. Einige Kollegen fallen ihm mit ihren gutgemeinten Ratschlägen zunehmend auf die Nerven. Mit der gemütslosen Geduld eines automatischen Telefon-Seelsorgedienstes raten sie Förster, doch erst einmal abzuwarten, kürzer zu treten.

So bleibt der legere Fahnder gegen den Willen der Oberfinanzdirektion hartnäckig an dem Fall. Seine Widerborstigkeit trägt ihm negative Vermerke in der Personalakte ein – der Anfang seiner Zwangsversetzung.

Allen voran der Chef von St. Augustin, Söhngen, der ihn des öfteren mit der ihm eigenen Art von Ironie begrüßt: »Na, wie geht's Ihnen denn, Sie Kohlhaas?« Ihm würde es nicht so ergehen. Der erfahrene Finanzamtsvorsteher hat sich bei Schwierigkeiten mit Vorgesetzten bisher an die alte Bismarck-Regel gehalten: »Wenn ich mit Grundsätzen durchs Leben gehen soll, so komme ich mir vor, als wenn ich durch einen Waldweg gehen müßte und soll eine lange Stange im Munde halten.«

Auf den Fluren hat sich herumgesprochen, daß der »O« Förster nach Köln zitiert hatte, um ihm den Kopf zu waschen. Denn zu den Eigenschaften, die gemeinhin nicht nur im Düsseldorfer Finanzministerium von einem Beamten erwartet werden, zählt auch, daß ein Staatsdiener in der Lage ist, jeweils zu erahnen, was Vorgesetzte wünschen oder auch nicht wünschen. Es bedurfte keiner allzu großen Intuition, um in der »Sache EU« zu dem Ergebnis zu kommen, daß besondere Aktivitäten kaum erwünscht sind. Entsprechend hatte man sich zu verhalten.

Oberfinanzpräsident Mersmann verkörpert für Förster ein Musterexemplar dieser Beamtengattung. Die Ansicht des Ministeriums durchdringt von jeher das Seelenleben des Amtsleiters, bestimmt Höhen und Tiefen. Immerhin ist der »O« fast vierzig Jahre im Staatsdienst und weiß, was geht und was nicht. Der Staatsdiener ist über Försters Renitenz erbost. Die Beschwerde des Fahndungschefs geht eindeutig zu weit.

Aus dem Ministerium wird ihm ob Försters Widerstand bereits Führungsschwäche vorgeworfen. Er, der alte Luftwaffenoffizier, habe wohl seinen Laden nicht im Griff. Es war höchste Zeit, den Steuerfahnder auf seine Grenzen hinzuweisen.

Oberfinanzpräsident Hermann Mersmann, im Amt allgemein »O« genannt, mag keinen Widerspruch.

Präsident Mersmann musterte Klaus Förster mit jener knapp gezügelten Ungeduld, die den Beamten an das beklemmende Gefühl längst vergangener Schultage erinnerte, wenn ein Lehrer den Schüler Förster Vokabeln abfragte, die er nicht gelernt hatte.

Was sich der Regierungsdirektor mit seiner »Remonstration« eigentlich gedacht habe, will der Oberfinanzpräsident wissen. Er sei zutiefst enttäuscht von diesem Vorgehen. Warum der Steuerfahnder denn nicht persönlich um einen Termin bei ihm gebeten habe. Die Sache hätte sich unter vier Augen regeln lassen, der »O« sei doch für jeden seiner Beamten da. Es war die übliche Vorstellung von Vorgesetzten.

Am Schluß der Zurechtweisung stand unverhüllt die Drohung, Förster könne nicht davon ausgehen, für immer auf dem Posten eines Steuerfahnders zu sitzen. Beamte müßten flexibel sein, sich weiterbilden. Als Vorgesetzter habe der Oberfinanzpräsident da eine »Fürsorgepflicht«.

Der Steuerfahnder konterte kühl. Er habe alle Stellen vorschriftsmäßig von seinen Bedenken informiert, sei sich keiner Schuld bewußt. Gegen eine Versetzung würde er sich im übrigen zur Wehr setzen. Die Unterredung endete frostig.

Für Försters Kollegen ist die Sache klar: Wenn der Regierungsdirektor so weitermacht, wird dies ein typischer »Edeka-Fall« – Ende der Karriere. Versetzungen lassen sich einfach arrangieren. Der Oberfinanzpräsident wird jedenfalls nach dem Gespräch einen Vermerk über das in seinen Augen ungebührliche Benehmen zu den Personalakten nehmen. Wenn Förster schon Bedenken gegen die angeordnete Maßnahme der Oberfinanzdirektion habe, nicht weiterzuermitteln, »hätte ich so viel Vertrauen erwartet, daß er den Weg zu mir gefunden hätte«, anstelle sich »schriftlich an die OFD« zu wenden, schreibt Mersmann.

Daß der Beamte sich zuvor wiederholt mündlich gegen die Verschleppungstaktik gewendet hat, erwähnt der »O« nicht. Dafür diktiert er weiter: »Dieser Mangel an Vertrauen« sei ein derart »ungewöhnlicher Vorgang«, daß er sich als Vorgesetzter frage, ob Förster »als Stellenleiter noch tragbar sei«. Mit dieser offiziellen Rüge ist der erste Schritt zur Versetzung des St. Augustiner Beamten eingeleitet.

Nach der Unterredung mit dem »O« ist Klaus Förster klar, daß er allein keine Chance hat. Er braucht Mitstreiter. Wie er aus der schwierigen Situation herauskommen kann, erfährt er eines Morgens beim Frühstück aus einem kurzen Bericht in der Frankfurter Allgemeinen Zeitung: In Kiel ist ein Staatsanwalt wegen »vollendeter Strafvereitelung zu einer Geldstrafe von 4800 Mark« verurteilt worden. Wegen Arbeitsüberlastung hatte der öffentliche Ankläger einige Verfahren unter den Tisch fallen lassen – entgegen Recht und Gesetz.

Paragraph 258 des Strafgesetzbuches ist nämlich eindeutig: »Wer absichtlich oder wissentlich ganz oder zum Teil vereitelt, daß ein anderer dem Strafgesetz gemäß wegen einer rechtswidrigen Tat bestraft ... wird, wird mit Freiheitsstrafe bis zu fünf Jahren oder mit Geldstrafe bestraft.« Schon »der Versuch ist strafbar«.

Regierungsdirektor Förster wird dies seinen Vorgesetzten mitteilen. Mehr noch. Er wird mit Selbstanzeige drohen und so die Staatsanwaltschaft einschalten.

Herr von Brauchitsch kann unterdessen zufrieden sein. Bundeswirtschaftsminister Hans Friderichs hat den Anträgen des Flick-Konzerns, dem »ersten Geleitzug«, wie es firmenintern heißt, bis auf die eine erwartete Ausnahme den Stempel »volkswirtschaftlich besonders förderungswürdig« aufgedrückt. Damit braucht nach Paragraph 6b des Einkommensteuergesetzes der erste Teil des rund zwei Milliarden betragenden Gewinns aus dem Verkauf der Daimler-Benz-Aktien nicht versteuert zu werden. Jetzt gilt es, den »zweiten Geleitzug auf den Weg zu bringen«.

Auch die Sozialdemokraten haben der Steuer-Sparaktion für die Firma letztendlich zugestimmt. Der Genosse und Geldsammler der Partei, Alfred Nau, hat den Genossen und Bundesfinanzminister Hans Apel angesprochen. Apel muß wie Friderichs seine Unterschrift unter die Anträge setzen. »Du mußt mit den Flick-Leuten reden«, habe Nau damals zu ihm gesagt, gesteht Hans Apel später vor dem Untersuchungsausschuß, »die haben einen Anspruch darauf, dich kennenzulernen.« Außerdem beflügelt den Sozialdemokraten Apel nach eigenem Bekunden jetzt »eine gewisse Neugierde«, mit einem der reichsten Männer der Republik zusammenzutreffen.

Konzernchef Friedrich Karl Flick –
hier zusammen mit seinen Neffen
»Mick« und »Muck« – macht mit
dem Verkauf der Daimler-Benz-Aktien
den Goldenen Schnitt.
Lediglich die Steuerbefreiung
verläuft dem befehlsgewohnten
Konzernchef zu langsam.

Die Männer lernen sich kennen. Während des Dortmunder SPD-Parteitages im Juni 1976 treffen sich der Bundesfinanzminister Apel und der Konzernherr Friedrich Karl Flick im sauerländischen Scharfenberg. Dort hat FKF eine Jagdhütte. Im Ministerium wird indes gerade letzte Hand an die Anträge gelegt. Einige Tage später stimmt Apel dem positiven Votum seines Kabinettskollegen Friderichs zu.

Genosse Hans Apel, mitverantwortlich für die 6b-Aktion, beflügelt »eine gewisse Neugier«, Flick persönlich zu treffen, bevor er zustimmt.

Unter vier Augen streicht Friderichs bei von Brauchitsch allerdings noch einmal seine Verdienste bei dem Genehmigungsverfahren heraus. Der Minister »hat sehr überzeugend dargelegt«, berichtet von Brauchitsch seinem Chef von seinem Treffen mit Friderichs unmittelbar nach dem positiven Bescheid, »daß die inzwischen zugestellten Genehmigungen in letzter Minute in Frage gestellt worden sind«.

Warum das so war, erwähnt von Brauchitsch gleichfalls: »Die Quellen für die Schwierigkeiten liegen offensichtlich im Bundesfinanzministerium und dort nicht primär beim Minister, sondern auf parlamentarischer Ebene; möglicherweise gesteuert durch den SPD-Abgeordneten Rolf Böhme, der die Regelung für falsch hält.«

Nachdem Friderichs noch immer Angst vor der SPD-Bundestagsfraktion hat, kommen die Herren überein, »die Tatsache der Genehmigungen« bis zu den anstehenden Bundestagswahlen im Herbst »geheim« zu halten.

Das ist die eine Gefälligkeit. Auch sonst waren die Bemühungen nicht ganz umsonst, schenkt man den

Eintragungen des Flick-Buchhalters Diehl aus dieser Zeit Glauben. Der Angestellte vermerkte in seinen Kassenbüchern penibel einige finanzielle Transaktionen:

»8. 6. 1976 v.B. wg. Dr. Friderichs 70 000 Mark
17. 10. 1976 v.B. wg. Dr. Friderichs 60 000 Mark
10. 5. 1977 v.B. wg. Dr. Friderichs 70 000 Mark«.

»Ich kann nicht ausschließen, daß ich Herrn Diehl irgendwo begegnet sein könnte«, wird Minister Hans Friderichs Jahre später vor dem Flick-Ausschuß des Bundestages zu Protokoll geben, »aber ich habe an Herrn Diehl keinerlei Erinnerung.« Und wenn da Geld geflossen sein sollte, wird sich der liberale Politiker auslassen, dann wurde sein Name angeblich nur als »plakatives Kürzel« verwendet – für Zahlungen an die FDP.

Von alledem weiß Klaus Förster noch lange nichts. Er vergewissert sich inzwischen bei einem befreundeten Oberstaatsanwalt und einem Anwalt, ob der Tatbestand »Strafvereitelung im Amt« auch auf ihn zutrifft, wenn er den Fall EU einfach auf sich beruhen läßt. Die Juristen stimmen seiner Auffassung zu. Sicherheitshalber nimmt sich der Steuerfahnder noch einen Tag Urlaub und fährt nach Hannover, um mit dem Rechtsanwalt Josef Augstein über die Angelegenheit zu reden. Der Anwalt ist eine bundesweit anerkannte Kapazität.

Auch Augstein stimmt Försters Auffassung zu, warnt aber gleichzeitig. Rechtlich sei die Sache klar, sagt Augstein. Nur laufe der Steuerfahnder mit einer Selbstanzeige Gefahr, alle gegen sich aufzubringen. Er könne sich vorstellen, schöpft der Anwalt aus jahrzehntelanger Erfahrung, daß die anderen Parteien ähnlich dubiose Finanzierungsmodelle unterhalten. Kurz, der Gang zum Staatsanwalt könnte schlafende Hunde wecken, und dann sei Förster kaum noch zu helfen, schätzt der renommierte Anwalt die Lage ein.

Der Steuerfahnder beschließt trotzdem, seine Vorgesetzten mit der geplanten Selbstanzeige zu konfrontieren. Als Förster der Amtsleitung seine Absicht vorträgt, hält ihn sein Chef an, mit diesem Schritt noch einige Tage zu warten. Oberfinanzpräsident Mersmann will die neue Lage zuvor höchstpersönlich in einem Gespräch mit dem Kölner Generalstaatsanwalt klären.

Das Ergebnis der Unterredung überrascht die Behörde: Generalstaatsanwalt Werner Pfromm weist den »O« an, den Fall umgehend an die Staatsanwaltschaft in Bonn abzugeben. Die Parteispenden-Affäre ist jetzt nicht mehr alleinige Angelegenheit der Oberfinanzdirektion Köln. Die Steuerfahnder von St. Augustin sind nunmehr Hilfsbeamte der Staatsanwaltschaft. Das Verfahren hat, dank Försters Hartnäckigkeit, eine höhere Stufe erreicht. Die Wahrscheinlichkeit, stillschweigend unter der Hand zwischen Politikern und Verwaltungsbeamten eine Einigung auszumauscheln, schwindet mit der neuen Runde in »Sachen EU«.

Die Verantwortlichen im Bonner Konrad-Adenauer-Haus der CDU betrachten die Entwicklung mit Sorge. Unions-Schatzmeister Walther Leisler Kiep muß, wieder einmal, zu einem seiner Besuche auf ministerieller Ebene bei den Genossen in Nordrhein-Westfalen antreten. Rund neun Jahre später wird der einstige Justizminister und spätere Finanzminister dieses Bundeslandes, Diether Posser, im Frühsommer 1985 dem STERN bestätigen, daß der Unions-Mann bei ihm wegen der leidigen Partei-Spendenaffäre vorgesprochen hatte. Er habe ihm damals dargelegt, so Posser heute, daß die Staatsanwaltschaft »selbstverständlich an diesem Fall dranbleibt«, wenngleich natürlich taktvoll, mit gebotener Zurückhaltung. Vor der Bundestagswahl im Oktober 1976 sei jedenfalls nicht mit spektakulären Maßnahmen zu rechnen, sichert Posser zu. Schließlich »war das ein schwebendes Verfahren, Kiep ein ehrenwerter Mann, und man muß ja das Ganze im Auge behalten, wenn Sie wissen«, sagt der Minister im Rückblick, »was ich meine«.

So läuft die »Fahndungssache EU« ebenso diskret wie schleppend an. Als erstes erklärt die Staatsanwaltschaft den Vorgang zur »Verschlußsache-vertraulich«.

Um unliebsamen Überraschungen vorzubeugen, fordert der federführende Staatsanwalt in Bonn den Chef der Steuerfahndung St. Augustin in einem vertraulichen Schreiben zur nötigen Zurückhaltung auf. »Um eine einheitliche Bearbeitung des Verfahrens sicherzustellen, darf ich Sie bitten, in der vorliegenden Sache keine Besprechungen durchzuführen oder sonstige Ermittlungen zu tätigen.« Denn Erster Staatsanwalt Jürgen Fröhlich, der gelegentlich mit dem Generalstaatsanwalt Tennis spielt, will die Kontrolle über den Fall nicht verlieren.

Wegen seines Alleingangs bekommt Regierungsdirektor Klaus Förster in den nächsten Wochen verstärkt die Verärgerung seiner Vorgesetzten zu spüren. Der »O« in Köln spricht ihm sein Mißtrauen aus. Steuerfahnder Förster, deutet Oberfinanzpräsident Mersmann bei einer Routinevisite im Finanzamt St. Augustin an, habe doch wohl nicht das Format, das für einen Volljuristen in der Verwaltung unabdingbar vonnöten sei.

Teils direkt, teils behutsam, wird dem Fahndungs

Regierungsdirektor Försters Beurteilungen verschlechtern sich in dem Maß, in dem sich der Fahnder in die Parteispendenaffäre hineinkniet. In der jährlichen Beurteilung rutscht der Beamte auf eine drei. Der Jurist gilt höheren Orts nicht mehr als kooperativ, bekommt den Stempel eines Querulanten aufgedrückt.

SPD-Bundestagsabgeordneter Spöri (links) hält im Gegensatz zu seinem Parteifreund Bundesfinanzminister Matthöfer nichts von einer Steuerbefreiung von Flick. Er organisiert – zusammen mit Rolf Böhme – Widerstand in der Fraktion.

chef bedeutet, sich bald anderweitig »verdient zu machen«, nur nicht mehr bei der Steuerfahndung St. Augustin. Während einer Finanzbeamten-Tagung bietet ihm der »O« einen Wechsel an das Finanzamt Bonn-Innenstadt an. Dort gibt es viel zu tun, aber nichts zu fahnden. Kurze Zeit später trägt Mersmann Förster an, ob er sich denn nicht beim Finanzgericht bewerben will. Doch Förster will nicht.

Die Weigerung bekommt dem Beamten nicht. Regierungsdirektor Klaus Förster rutscht in der Jahres-Beurteilung auf eine »Drei«. Hieß es in den amtlichen Zeugnissen über Jahre zuvor, Försters mündlicher Vortrag sei als »anschaulich« und »frei« zu charakterisieren, so heißt es nun, der Beamte sei »gelegentlich zu wortreich«. Aus »urteilt überlegt und selbständig« wird nun: Förster gehe Problemen »nicht aus dem Weg«. Und was das Verhalten des Steuerfahnders gegenüber Vorgesetzten angeht, wird das Wörtchen »kooperativ« aus der Beurteilung gestrichen.

Die Bundestagswahl Anfang Oktober 1976 bringt nicht viel Neues, die sozialliberale Koalition bleibt im Amt. Lediglich im Kabinett werden einige Stühle gerückt. Genosse Hans Apel wechselt etwas später vom Sessel des Finanzministers auf den des Verteidigungsministers. Auf seinem Stuhl nimmt Parteifreund Hans Matthöfer Platz. Für Flick-Manager Eberhard von Brauchitsch brechen härtere Zeiten an. Der SPD-Abgeordnete Rolf Böhme, Kritiker der Flick-Anträge, avanciert zum Staatssekretär im Bundesfinanzministerium. Seinen Platz im Finanzausschuß des Bundestags übernimmt Dieter Spöri, ebenfalls ein Gegner der Anträge, die der Konzern weiter vorlegt.

Nur für Steuerfahnder Klaus Förster werden die Zeiten vorübergehend besser. Er treibt, zusammen mit der Staatsanwaltschaft, die Ermittlungen gegen die Firmen voran, die aus Liechtenstein Scheingutachten bezogen haben, um die Kasse der CDU aufzufüllen.

In den kommenden Wochen und Monaten durchsuchen Förster und seine Kollegen, mit richterlichem Beschluß versehen, Dutzende von Firmen, die Gelder über Liechtenstein verschoben haben. Dabei räumen etliche Manager »mehr oder weniger eindeutig ein, daß es sich bei den an die EU für Gutachten gezahlten Beträgen tatsächlich um Spenden für die CDU handelte . . .«, berichtet der Fahndungschef im Frühjahr 1977 routinemäßig seinen Vorgesetzten in der Oberfinanzdirektion Köln.

Weil sich bei den Recherchen herausstellt, daß bundesweit mehr Firmen als vermutet in die Parteienspenden-Affäre verwickelt sind, verteilt die Staatsanwaltschaft Bonn die Ermittlungsverfahren an die jeweils zuständigen Kollegen quer durch die Republik. Förster und die Staatsanwälte vereinbaren, daß alle Fahndungsberichte ihm zugestellt werden. Die Fahndungsabteilung beim Finanzamt St. Augustin kann sich fortan über mangelnde Arbeit nicht beklagen.

Oberfinanzpräsident Mersmann bekommt Weisung, den dickköpfigen Beamten vorerst auf dem Posten zu belassen. Förster just zu diesem Zeitpunkt zwangszuversetzen, erscheint den Verantwortlichen im Düsseldorfer Finanzministerium nicht opportun. Der Fall könnte unliebsame Öffentlichkeit heraufbeschwören.

Eines freilich ist sicher: Aufgeschoben ist nicht aufgehoben. Klaus Försters Renitenz kann schon aus Gründen allgemeiner Disziplin innerhalb des subalternen Beamtenapparates nicht verziehen werden. Es wäre ja noch schöner, wenn Beamte Anweisungen nicht mehr widerspruchslos ausführten, sondern Fragen stellten!

Doch was der Steuerfahnder Klaus Förster erlebt, ist wenngleich nicht jedesmal so kraß, nichts anderes als die Effektivität einer ganz besonderen Spezies, die überall ihr Unwesen treibt.

Es ist der Einfluß der Lobby, die in den Amtsstuben der Verwaltungen ebenso nistet wie in den Vorzimmern von Ministern. Ohne sie läuft nichts. Verlassen wir daher den Beamten für einen Moment und betrachten das ausgeklügelte Prinzip von Geben und Nehmen.

KAPITEL 6

WO KREILE IST, DA IST EIN WEG

»Der wirkliche Reichtum des Menschen ist der Reichtum seiner wirklichen Beziehungen.«
Karl Marx

Am liebsten plaudert der Bundestagsabgeordnete Reinhold Kreile über Kultur. Daß beispielsweise der Fliegende Holländer bei den Bayreuther Festspielen einerseits andererseits ausgefallen ist. Die »Inszenierung des Regisseurs Harry Kupfer aus dem anderen Teil Deutschlands«, lobt der CSU-Mann nach der Premiere beim alljährlichen Staatsempfang durch Bayerns Ministerpräsident Franz Josef Strauß, die sei schon einfach genial.

Wenn da nicht die Sache mit dem Akt gewesen wäre. Kreile senkt die Stimme bedauernd eine Terz tiefer. Er macht eine Pause, winkt Bundespräsident Richard von Weizsäcker, der einige Schritte entfernt mit Strauß zusammensteht, und fährt dann fort. Nein, die Sängerin der Mary, schüttelt er betrübt den Kopf, die habe ihn nicht so richtig überzeugen können.

Kreile ist Fachmann, sitzt als »Freund der Familie Wagner und Anwalt« in der Wagnerstiftung. Klavier spielt er außerdem. Manchmal auch die Orgel. Dann singt gelegentlich Deutschlands führender Bariton Hermann Prey dazu.

Überhaupt liebt Kreile mehr die leisen Töne. »Ich mache mir nichts aus dem Rummel um Personen«, sagt er bescheiden und vermeidet alles, um nicht durch Gerede ins Gespräch zu kommen. Immer dann, wenn Parteifreunde »Freiheit oder Sozialismus« auf ihre Fahnen schreiben, CSU-Staatssekretär Edmund Stoiber in aller Schlichtheit Sozialdemokraten und Nationalsozialisten eine gemeinsame Vergangenheit nachsagt, schlägt Kreiles Stunde. Er wiegelt ab, schlichtet. »Wir müssen aufeinander zugehen«, predigt er. »Irgendwie«, betont er gern, »irgendwie wollen wir doch alle das gleiche. Sogar die Grünen.«

Die Sorge um gute Umgangsformen gehört zu Kreile ebenso wie der Gemeinplatz, daß wir alle nun mal am gleichen Strang zögen – Grundausstattung eines Lobbyisten, der in Bonn Erfolg haben will.

Und Kreile ist einer der erfolgreichsten in diesem Metier. Der unauffällige Steueranwalt, Aufsichtsrat und Kunstkenner aus dem Bayrischen mit dem gepflegten Habitus eines gehobenen Beamten zieht seine Fäden auf der Bonner Bühne wie kaum ein anderer Politiker – vor allem im verborgenen. Denn nichts wäre dem Lobby-Geschäft abträglicher als Beifall von der Galerie, der das Scheinwerferlicht der Öffentlichkeit nach sich zöge.

Lobbyismus, das ist eine Mischung aus Verpflichtungen und Verabredungen zum Essen, aus Bekanntschaften und kurzem Dienstweg. Es ist die ständige Behauptung, Lösungen im Interesse aller zu präsentieren, um das eigene Schäfchen ins trockene zu bringen. Keiner spielt auf dieser Klaviatur virtuoser als Reinhold Kreile. Ob im Fraktionsvorstand der Konservativen im Bundestag oder als finanzpolitischer Sprecher der CDU/CSU, ob im Wirtschaftsbeirat der Union oder in den Führungsetagen des Flick-Konzerns, im Vermittlungs- oder im Koordinierungsausschuß Medienpolitik – wo andere die Stimme erheben, um Entscheidungen zu beeinflussen, hebt Kreile die Hand, um zu entscheiden.

Er sitzt im Finanzausschuß des Bundestages und für Deutschland in der Unesco. Seine Parteifreunde vertritt er im CSU-Präsidium oder im Vorstand des bayrischen Ersatz-Außenministeriums, der Hanns-Seidel-Stiftung. An Reinhold Kreile, 54, kommt keiner vorbei, der in der Bundespolitik etwas bewegen will.

Neben seinen Partei- und Abgeordnetenämtern

CSU-Bundestagsabgeordneter Reinhold Kreile ist einer der erfolgreichsten Lobbyisten in der Bundesrepublik. Neben seinen politischen Ämtern sammelt der Strauß-Intimus Posten wie Museen alte Meister – gleich ob als Verwaltungsratsvorsitzender beim Deutschlandfunk oder Aufsichtsrat bei der ADCA-Bank.
Wie sein Vorbild Strauß ist er Wagner-Fan.

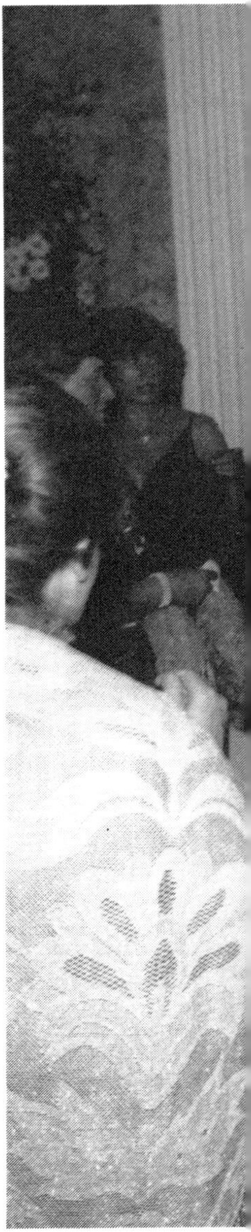

sammelt der Politiker weitere Posten wie Museen alte Meister. Dem Verwaltungsratsvorsitzenden des Deutschlandfunks Reinhold Kreile vermittelt Reinhold Kreile als Vorsitzender der Münchner Pilot-Gesellschaft für Kabel-Kommunikation Erkenntnisse des profitträchtigen Medienmarktes. Finanzen sind ihm sowohl durch seinen Aufsichtsratsposten bei der ADCA-Bank geläufig, als auch durch seinen Sitz im Beirat der Landesbank Rheinland-Pfalz.

Mit dem Mann aus München verhält es sich beinahe wie im Märchen vom Wettlauf zwischen Hase und Igel. Überall, wo der Hase ankommt, ist der Igel schon da. Kreile ist beides in einem. Sein Aufsichtsratsposten beim Baukonzern Huta-Hegerfeld in Essen läßt es durchaus zu, daß er auch als Spezialist in Urheberrechtsfragen den Langenscheidt-Verlag in München berät oder bei der Computerfirma ICL über Probleme der Zukunftsindustrie nachdenkt. Beim Bundesverband Deutscher Fernsehproduzenten ist sein Rat ebenso gefragt wie im Gaststättengewerbe oder beim Hamburger Mischkonzern BAT.

Wo Kreile ist, da ist in der Regel auch ein Weg für die bundesdeutsche Industrie. Und daß es in Sachen Flick zu einer der größten Affären dieser Republik kommen wird, ist nicht seine Schuld. Der Abgeordnete kümmert sich seit Jahren als Aufsichtsratsvorsitzender der »Friedrich Flick Industrieverwaltung KG« geräuschlos um die konzerneigene Waffenschmiede Krauss-Maffei – und ebenso geräuschlos läßt er als Anwalt und Politiker seine Beziehungen für die Firma spielen.

Weil es Kreile gibt, kann Flick es sich sogar leisten, seine Lobby-Dependance in Bonn zu schließen. »Ich kenne niemanden«, so sein politischer Gegner aus der SPD-Fraktion, Dieter Spöri, »der so freundlich und leise und gleichzeitig effektiv die Interessen der Industrie vertritt wie Kreile.«

Dabei gibt es viele Kreiles, viele kleine Kreiles in Bonn. »Lobbyisten gehören zum parlamentarischen Betrieb naturnotwendig dazu. Sie sind unverzichtbar«, befand schon Bundeswirtschaftsminister Graf Lambsdorff. Er weiß warum, hat er doch, bevor er ins Kabinett ging, über Jahre die Interessen der deutschen Versicherungswirtschaft vertreten.

Mehr als 2000 Lobbyisten arbeiten im Dunstkreis der Ministerien, liefern Anregungen, verwässern strenge Gesetzesvorlagen, organisieren Treffs zwischen Industrie und Ministerialbeamten. Ob die Papierindustrie, die deutschen Wollfilzfabrikanten, Philips, Mercedes-Benz oder die Gewerkschaft Öffentliche Dienste, Transport und Verkehr – es gibt kaum ein Unternehmen, das in der Bundeshauptstadt nicht vertreten wäre. Auf der vier Kilometer langen Strecke vom Bonner Büro des Essener Krupp-Konzerns am Hofgarten bis zur Zentrale des Deutschen Beamtenbundes am Südende der Bundesstraße 9 wimmelt es nur so von Verbindungsstellen, Außenstellen, direkten Stellen oder einfach nur Bonner Büros.

Präsenz ist alles in Bonn, und sie lohnt sich. Jahr für Jahr kauft der Bund für viele Milliarden Mark ein, von Socken und Schnellheftern bis zu Panzern und Polizeiautos. Die Post allein ist auf dem Fernmeldesektor, wie Siemens oder AEG wissen, jedes Jahr für über zehn Milliarden Mark gut. Die Bahn ordert in ähnlicher Höhe. Und um die Milliarden-Aufträge aus dem Verteidigungsministerium rangeln sich mehr als 10 000 inländische Betriebe.

Fast jedem kann geholfen werden. Vorausgesetzt, er ist richtig organisiert. Drei Klassen von Lobbyisten sorgen dafür, daß das Wechselspiel zwischen Bonner Ministerialen und Industrie wie geschmiert klappt.

Der gewöhnliche Wasserträger nennt sich in der Regel Generalbevollmächtigter, Bevollmächtigter oder Geschäftsführer. Er hat stets zu wissen, was auf der mittleren Beamtenebene der einzelnen Ministerien läuft. Ähnlich bezahlt wie sein beamteter Partner, liefert er Informationen aus der Branche, ohne die wiederum der Beamte auflaufen würde. Soweit die gewöhnliche Garnitur.

Für die gehobene Laufbahn der Lobbyisten werden gern ehemalige Staatsdiener gekeilt. Das garantiert diskrete Informationen aus den Beletagen von einst. Die deutsche Geflügelwirtschaft etwa hält sich den Staatssekretär außer Diensten Hans Schlütter, damit Hühnerflügel und Hähnchenkeulen »international wettbewerbsfähig bleiben«. In der Rüstungsindustrie dienen um die 600 frühere Berufssoldaten. Da wird natürlich durchgestellt, wenn die alten Kameraden telefonisch Näheres über Nachschub oder Neuorganisation von Waffensystemen wissen wollen.

Die Crème des Berufsstandes sitzt allerdings dort, wo Reinhold Kreile residiert, wo die Lobby ihren höchsten Reifegrad erreicht hat: im Bundestag – als eine Art konzertierte Aktion von Gesetzgeber, Kontrolle der Verwaltung, Firmenvertreter und Anwalt der Wähler in einem. Ein volles Firmengehalt hinderte einstige Siemens-Angestellte wie Haimo George oder den jetzigen Präsidenten des Bundesarbeitsamtes, Heinrich Franke, und manchen anderen Kollegen nicht, auch gleichzeitig Mitglied der CDU/CSU-Bundestagsfraktion zu sein.

Für die deutsche Atomindustrie sitzt Axel Warrikoff, der Geschäftsführer der Hanauer Nuklearfirma Alkem, im Parlament. Und bei den Genossen sorgt Adolf Schmidt, der Vorsitzende der IG Bergbau und Energie, dafür, daß im Zweifelsfall Arbeitsplätze vor Gesundheit und Umweltschutz rangieren.

Gemessen an Kreile freilich erscheinen die Vertreter aus der Lobbyistenriege eher wie Bonsai-Ausgaben des Berufsstandes. Wenn der Bayer ans Rednerpult tritt – »ich bin kein Volkstribun« –, überkommt ihn gelegentlich bei aller Zurückhaltung doch Sendungsbewußtsein. Dann macht er sich stark für die »Freisetzung der verschütteten Leistungskräfte unserer Wirtschaft«.

Bei den Worten bleibt es nicht. Federführend hat er nach der Wende eine Vermögenssteuersenkung von rund drei Milliarden Mark durchgesetzt, gleichzeitig die Sozialleistungen drastisch beschneiden helfen. Dabei »handelt es sich nicht um Steuergeschenke«, wird er nicht müde zu verkünden. Nein, nur »um eine Aufforderung an die Unternehmer und Betriebe, um das Ihre zu tun«.

Was das alles konkret heißt und was wäre, wenn die Industrie dann doch nicht »das Ihre« tut, präzisiert er nicht. Aber daß von nichts nichts kommt, wie eine seiner Lieblingsfloskeln lautet, dafür bürgt sein Lebenslauf. Leistungsbereitschaft, die Kirche im Dorf lassen, auch mal kürzertreten sind Chiffren aus Kreiles Tugendbrevier.

Er ist im kargen Spessart geboren, wo sein Vater bei der Landpolizei war. Später verschlug es seine Familie nach München. Da die Eltern nicht viel Geld haben, wohnt der angehende Jurist Reinhold während des Studiums zu Hause, macht in der kürzestmöglichen Zeit Examen. Nebenbei spielt er Orgel, schreibt fürs Feuilleton und setzt sich in Sendungen des Bayerischen Rundfunks für die Werke des linken Literaten Lion Feuchtwanger ein.

Dann sitzt er sieben Jahre im Vorzimmer des Münchner Steueranwalts Odilo Binder. Dort lernt er, wie das Geschäft läuft, »Punkt für Punkt und Komma für Komma«, beschreibt er die Lehrjahre. Nach dieser Zeit kennt er genügend Industrieklientel, um sich selbständig zu machen.

Ein paar Jahre später hat er es geschafft. Die Sozietät Kreile gehört mit zum Feinsten, was in der Spezialbranche bundesweit geboten wird. Der Rest der Karriere ist im Freistaat Bayern Routine. Strauß gewinnt das CSU-Mitglied für den Bundestag.

Für Kreile trifft so nicht zu, was sonst die durchschnittliche Politiker-Karriere im Übermaß auszeichnet: die »allzu bereitwillige Anpassung an die jeweilige Lage um persönlicher Vorteile willen«, wie der Fremdwörter-Duden den üblichen Schuß Opportunismus beschreibt. Kreiles seelische Buchhaltung verzeichnet den Posten nicht, denn sein persönlicher Vorteil geht mit seiner Überzeugung Hand in Hand.

Aus der Studienzeit übriggeblieben ist sein Interesse an Kultur. Guter Geschmack ist auch in aufgeklärten Industriekreisen nicht hinderlich, darf auch von der eigenen politischen Linie durchaus einmal abweichen. So betont er sein enges Verhältnis zu Literaten aus der Gruppe 47, ist mit dem Komponisten und Ehrenmitglied der KP Italiens, Hans Werner Henze, eng befreundet. Als eine Art Dr. Jekyll und Mr. Hyde spaltet er sich in Lobbyist und Kulturkenner, wenn der Interessenvertreter des Rüstungskonzerns Krauss-Maffei abends beim Wein kenntnisreich über den Antikriegsroman »Im Westen nichts Neues« von Erich Maria Remarque plaudert, der die Schrecken des Ersten Weltkriegs schildert.

Selbstzweifel, ob sich Amt und Mandat vereinbaren lassen, wenn der Aufsichtsratsvorsitzende von Flick auch als Abgeordneter Steuergesetze verabschiedet, kommen Reinhold Kreile (links) nicht.

Der Widerwille des ehemaligen Kanzlers Ludwig Erhard, »die Wünsche der Interessengruppen« seien »ein Geschwür, das in unserer Gesellschaft schwärt«, ist in Bonn ohnedies längst passé. Die Lobby ist gesellschaftsfähig. »Der Gesetzgeber ist früh genug auf die Konsequenzen einer bevorstehenden politischen Entscheidung für die Wirtschaft aufmerksam zu machen«, umschreibt ungeniert Klaus Broichhausen, FAZ-Korrespondent und Autor eines Knigge für Lobbyisten, worum es eigentlich geht. Das Urteil des Bundesgerichtshofes von 1958, wonach »Interessenverbände ... ebenso gefährlich wie kommunistische Aktionen oder neofaschistische Bestrebungen« sind, löst heute in der Bundeshauptstadt allenfalls mildes Kopfschütteln über derartige Weltfremdheit aus.

Natürlich behandelt auch die Satzung des Bundestages den Lobbyisten. Mit Ehrenkodex, versteht sich, nachdem in den siebziger Jahren eine Reihe von

Volksvertretern mittels gebündelter Beraterverträge in unliebsame Affären schlitterten, weil sie Mandat und Kommerz nicht sonderlich auseinanderhalten konnten.

Was jetzt sein darf, regelt pro forma das Abgeordnetengesetz. »Alle Nebentätigkeiten, sofern die Vergütung 3000 Mark monatlich« übersteigt, sind beim Bundestagspräsidenten zu Protokoll zu geben. Damit soll öffentlich werden, für wen außer der grundgesetzlich abgesicherten Gewissensfreiheit ein bundesdeutscher Abgeordneter sich auch sonst noch ins Zeug wirft.

Das Gesetz ist so wirksam wie ein Rezept zum Schneeballrösten. Politiker, die von Berufs wegen für Rat und Tat kassieren, müssen keineswegs beichten, für wen außer ihren Wählern sie ansonsten noch im Namen des Volkes unterwegs sind. Die Regelung nimmt die Gruppe ausdrücklich aus. Ohnedies richtet sich die allgemeine Bewußtseinslage in dem Gewerbe statt nach Gesetzen mehr nach dem alten Slogan, daß auch dem Rest bekommt, was gut ist für die Firma.

Kaum ist in einem Ministerium auch nur ein Referentenentwurf zu Papier gebracht, brechen schon die Einwände der Verbände über die Amtsstuben herein. »Im Nu flattern uns umfangreiche Stellungnahmen und Korrekturwünsche der Lobby auf den Schreibtisch. Die Tätigkeit der Verbandslobbyisten wird immer hektischer und damit unerträglicher«, beschreibt ein Ministerialbeamter den Druck der Interessen.

Kreile löst seine Aufgabe eleganter. Die Steuerrabatt-Aktion für das Haus Flick ist ein Beispiel aus dem Bilderbuch des Lobbyismus. Geschickt hilft Kreile als Aufsichtsratsvorsitzender der Flick Holding, daß die rund 2 Milliarden Mark, die das Unternehmen durch den Verkauf von Mercedes-Aktien erzielt hatte, gar nicht erst mit Hunderten von Millionen Mark versteuert werden mußten.

Der Flick-Vertraute tut, was man in solchen Fällen immer tut. Man geht gut essen. »Das Abendessen«, notiert sich der Volksvertreter später, »das ich ... mit den leitenden Herren der Steuerabteilung des Bundesfinanzministeriums und deren Damen hatte, verlief außerordentlich harmonisch.« So ergab sich im Lauf des Abends, zwischen Hors d'œuvre und Dessert, »die Möglichkeit, die uns vorrangig interessierenden Probleme zu besprechen«, und zwar deswegen, weil die Herren »die Fragen entweder in gemeinsamer Unterhaltung oder in Einzelgesprächen anschnitten«.

Wenig später konnte Kreile in einem persönlichen Schreiben an seinen Auftraggeber Karl Friedrich Flick melden, daß es um die Sache gut bestellt war, Diskretion vorausgesetzt. Er sei, schrieb der Unionsabgeordnete, »im Bundeswirtschaftsministerium zu einem sehr vertraulichen Gespräch gebeten. Dabei haben die hochrangigen Gesprächspartner erkennen lassen, die Initiative zu diesem Gespräch sei mit Billigung, ja geradezu auf Wunsch des Bundeswirtschaftsministeriums selbst ergriffen worden«.

Bei derart hochrangigen Kontakten ist es durchaus nachvollziehbar, daß aus dem Blickwinkel eines Top-Lobbyisten ein Regierungsdirektor wie Förster eines der Rädchen ist, das sich lediglich dann zu drehen hat, wenn es angestoßen wird. Eine zu vernachlässigende Größe, zumindest in Bonn, wo der Mensch und Beamte oft genug nur vom Staatssekretär aufwärts bei Entscheidungen zugezogen wird.

Wie wichtig den Christsozialen der Vorposten der

Industrie im Deutschen Bundestag ist, schlägt sich schon in der Behandlung nieder, die Kreile vom Parteiapparat erfährt. Obwohl seit 1969 im Bundestag, muß sich der Abgeordnete nicht mit Wahlkreisarbeit herumschlagen. Kreile ist einer der wenigen Abgeordneten, die regelmäßig über die Landesliste mit einem sicheren Platz bedacht werden.

Selbstzweifel, ob sich die unterschiedlichen Ämter und Mandate vereinbaren lassen, wenn der Aufsichtsratsvorsitzende von Flick und der Politiker im Namen des Volkes Steuergesetze verabschieden oder Amnestien für die Spendenaffäre Flick einzufädeln versuchen, sind ihm nicht gekommen.

Skrupel kann sich dieser Berufsstand nicht leisten. So hält es der konservative Kreile paradoxerweise mehr mit einem Kernsatz von Karl Marx, dem geheimen Motto aller Lobbyisten: »Der wirkliche Reichtum des Menschen ist der Reichtum seiner wirklichen Beziehungen.«

KAPITEL 7

DIE WUNDERSAME GELD-VERMEHRUNG

»Die Politiker müssen sich am Machbaren orientieren. Wir, die Männer der Wirtschaft, müssen uns am Optimalen orientieren. Es ist unsere verdammte Pflicht und Schuldigkeit, eine Synthese aus beidem zu finden.«
Eberhard von Brauchitsch

Regierungsdirektor Klaus Förster hat viel zu tun. Woche für Woche durchsucht er mit seinen Kollegen der Steuerfahndung St. Augustin jene Firmen, die für die CDU Geld gespendet haben, um die Beträge, als Betriebsausgaben für angebliche Gutachten getarnt, von der Steuer abzusetzen. Auf seinem Schreibtisch häufen sich die Berichte aus allen Gebieten der Republik, in denen auf Anweisung der Staatsanwaltschaft Bonn gleichfalls ermittelt wird.

Der Fahndungschef Förster geht vorsichtig zu Werk, hört sich geduldig die Ausreden der Betroffenen an. Mitunter verkneift er sich die eine oder andere sarkastische Bemerkung, wenn Manager allzu wortreich beteuern, daß hier »wohl ein Irrtum« vorläge oder daß die Sache besser »von oben« erledigt werden würde. Der Firmenanwalt, so eine der stereotypen Wendungen, würde diese Durchsuchung nicht auf sich beruhen lassen. Im übrigen, das solle sich der Beamte gefälligst merken, verfüge man »über gute Beziehungen«.

Förster versucht, freundlich zu bleiben, wenngleich die ewig gleichen Litaneien, mit denen sich die ertappten Steuersünder herausreden wollen, seine Nerven strapazieren. Zusätzliche Konflikte kann sich der Steuerfahnder nicht leisten. Seine Vorgesetzten verfolgen die Aktionen der Steuerfahndung St. Augustin mit Argusaugen. So hält er bloß zu Hause gelegentlich vor seiner Frau den einen oder anderen Monolog, über den Verfall des Rechts oder den Mangel an Rechtsbewußtsein.

Bei den Durchsuchungen kommt ihm eine Maxime seines Vaters in den Sinn. »Das Recht stirbt wie die Freiheit in Zentimetern«, hatte Förster Senior, ehedem Richter in Bonn, dem angehenden Studenten der Rechtswissenschaften als Summe seiner Erfahrungen gepredigt. Klaus Förster hat den Spruch als einen dieser stets gültigen Sätze fürs Poesiealbum gehalten, den niemand bezweifelt – dessen praktischer Wert im Alltag freilich kaum eine Rolle spielt.

Doch selbst mit der stillschweigend angenommenen Allgemeingültigkeit ist es nicht weit her. Es zeigt sich, daß die meisten Unternehmen die aufgedeckten Rechtsverletzungen lediglich als Kavaliersdelikte betrachten – als sei man eben mal beim falschen Parken erwischt worden.

Die Vorgesetzten lassen den Steuerfahnder einige Wochen und Monate ungestört arbeiten. Dann mehren sich wieder die Versuche, Förster ins Abseits zu befördern, weil der Beamte zuviel wissen will. Mehrmals bestellt der »O«, Oberfinanzpräsident Hermann Mersmann, den Leiter der Steuerfahndung nach Köln. Der gehobene Staatsdiener weist Förster darauf hin, daß es turnusgemäß an der Zeit sei, die weitere Karriere zu planen. Mersmann macht Vorschläge, welcher Posten bessere Aufstiegschancen biete. Klaus Förster müsse »in diesem Zusammenhang auch an seine Familie denken«, gibt der Präsident zu bedenken. Doch der Fahnder sträubt sich, er will weiterermitteln.

So macht der »O«, was Vorgesetzte oft machen. Indigniert nimmt er die Weigerung zur Kenntnis und schafft Tatsachen. Getreu dem Grundsatz, daß nur ein aufstiegsbewußter Beamter ein guter Beamter ist, vermerkt er in der Personalakte, wie sich der Beamte Förster offensichtlich gutgemeinten Ratschlägen widersetzte. Damit schlägt der »O« zwei Fliegen mit einer Klappe. Zum einen dokumentiert er scheinbar umfassende Fürsorge. Zum anderen hält er aktenkundig Försters mangelnde Kooperationsbereitschaft fest, weil der Beamte »nicht daran interessiert und auch nicht bereit« sei, »andere Aufgaben zu übernehmen«.

Die Prüfer der Steuerfahndung St. Augustin verfolgen die Auseinandersetzung mit Sorge. Sie kommen überein, sich auf die Seite ihres Chefs zu schlagen. »Wie uns von verschiedenen Seiten bekannt wurde, hat der Dienststellenleiter . . . erhebliche Schwierigkeiten mit seinen Dienstvorgesetzten bekommen«, protestieren die Fahnder schriftlich beim Personalrat. Nunmehr »soll er gegen seinen Willen an eine andere Dienststelle abgeordnet oder versetzt werden«. Der Personalrat, so die Forderung, dürfe der »Versetzung des Dienststellenleiters nicht die Zustimmung« geben.

Auch ohne die lästigen Auseinandersetzungen mit der Oberfinanzdirektion häuft sich bei der Steuerfahndung St. Augustin die Arbeit. Auf dem Schreibtisch von Klaus Förster liegt neben den Ermittlungsprotokollen der Parteispenden-Affäre nun noch ein Ordner mit der Aufschrift »Soverdia«. Das Kürzel steht für Societas Verbi Divini – »Gesellschaft des Göttlichen Wortes«, wie die Fratres und Patres von der Steyler Mission St. Augustin ihre Organisation nennen. Die Missionsgesellschaft residiert in unmittelbarer Nachbarschaft des Finanzamtes, nur einen Steinwurf entfernt.

Den frommen Mönchen, die ihr Leben Gott und der Armut geweiht haben, geht es offenbar nicht schlecht. Neben dem »Klosterstübchen«, in dem die Steuerfahnder öfters Pizza essen und schon manche Weihnachtsfeier arrangiert haben, betreibt die Dependance der Nächstenliebe eine eigene Sparkasse, unterhält eine umfangreiche Bibliothek und ein Museum. So hat sich im Lauf der Zeit nur eine Hälfte jener Prognose erfüllt, die der Ordensgründer Arnold

Janssen Ende des vergangenen Jahrhunderts über die Aussicht seines Werks zu Papier gebracht hat: »Wird nichts daraus, wollen wir uns demütig an die Brust schlagen und bekennen, wir waren der Gnade nicht wert. Wird aus dem Haus etwas, so wollen wir der Gnade Gottes danken.«

Nach den Unterlagen des Finanzamts dürfen sich die Patres aber auch bei vielen Gönnern bedanken, die dem Kloster über die Jahre erkleckliche Summen vermacht haben. Und hier fängt die Arbeit für Fahndungschef Förster und seine Kollegen an.

Zwar hat, wie der Apostel Paulus schon im Korintherbrief schreibt, »Gott einen fröhlichen Geber lieb«. Auf Erden allerdings ist für Spenden gemeinhin das Finanzamt zuständig – zumindest dann, wenn der Betrag anschließend von der Steuer abgesetzt wird. Das ist in aller Regel nichts Besonderes und gesetzlich sogar ausdrücklich erlaubt. Bis zu fünf Prozent eines Einkommens oder bis zu zwei Promille der Summe von Umsatz und Löhnen dürfen steuerfrei zum Nutzen des Gemeinwohls gestiftet werden.

Was aber all jene Malermeister, Ärzte, Apotheker und Kaufleute überkommen haben mag, die dem Kloster Spenden zwischen 1000 und 100 000 Mark überließen, obwohl die meisten der Herrschaften, wie aus den einzelnen Steuererklärungen hervorgeht, seit Jahren aus der Kirche ausgetreten sind – das will das Finanzamt Siegburg gern von der Steuerfahndung wissen. Und noch etwas kommt den Beamten seltsam vor. Fast alle Spender bedienen sich des gleichen Steuerberaters.

Der Tip aus Siegburg ist top. Wochenlang fahndet Försters Truppe, anfangs vergeblich, bei den Spendern nach anderen als christlichen Motiven. Schließ-

Ärzte, Apotheker
und Kaufleute
spendeten dem
Kloster in St. Augustin
zwischen 1000
und 100 000 Mark.
Sie erhielten
dafür fünfmal so hohe
Quittungen und
ließen sich so die
»milde Gabe«
wieder vom Finanzamt zurückvergolden.

Pater Prokurator Josef Schröder ist bei dem Orden für die »weltlichen Dinge« zuständig. Er hat die wundersame Geldvermehrung für Spender eingeführt und gedeckt. Nachdem der Schwindel aufgeflogen war, sandten ihn die Ordensoberen in die Schweiz.

lich gelangen sie an eine Apothekerin im Raum Bonn. Die Dame gesteht ohne lange Umschweife, mittels der Spende die Steuer zu betrügen: Für die milde Gabe von 1000 Mark habe sie von Pater Prokurator Schröder regelmäßig eine Spendenquittung über 5000 Mark erhalten und so den Einsatz vom Finanzamt mehr als zurückvergoldet bekommen.

Als ihm seine Fahnder von der wundersamen Geldvermehrung auf Kosten der Steuerzahler berichten, steht für den Leiter der Steuerfahndung St. Augustin fest: »Wir müssen ins Kloster, durchsuchen!«

Flick-Manager Eberhard von Brauchitsch und Bundeswirtschaftsminister Hans Friderichs sind sich unterdessen während der 6b-Verhandlungen nähergekommen. Die Herren duzen sich. Man trifft sich zu Hause, gelegentlich auch auf Turnierplätzen. Die Töchter pflegen den Reitsport.

Bei so viel Vertrautheit ist es nicht verwunderlich,

daß der Politiker den Wirtschaftskapitän um persönlichen Rat fragt: Ob er das Ministeramt an den Nagel hängen und in den Vorstand der Dresdner Bank überwechseln solle, will der Freidemokrat wissen. Schon als er mit 41 Jahren Bundesminister wurde, philosophierte Hans Friderichs im vertrauten Kreis, daß er sich eine Steigerung seiner Karriere eigentlich kaum noch vorstellen könne. Das neue Angebot ist trotzdem verlockend. Immerhin ist das Salär eines Vorstandssprechers in einem der führenden Geldinstitute mindestens dreimal so hoch wie das eines Bundesministers.

Uneigennützig rät von Brauchitsch zum Sprung ins Top-Management, selbst wenn es sich dabei »nicht um einen Spaziergang« handle. Im Falle dieses Falles müßte der Flick-Manager allerdings den weiteren Teil des Zwei-Milliarden-Erlöses aus dem Verkauf der Daimler-Benz-Aktien ohne den Wirtschaftsminister an der fälligen Steuer vorbeischleusen. Friderichs hat bisher nur den »1. Geleitzug« (Firmenjargon) für die geplante Wiederanlage des Kapitals nach Paragraph 6b steuerbefreiend als »volkswirtschaftlich besonders förderungswürdig« deklariert.

Probleme sind nicht zu befürchten. Auch mit dem neuen Bundeswirtschaftsminister ist von Brauchitsch bestens bekannt. Er wird einfach versuchen, »die Stafette 6b an Lambsdorff«, Friderichs' Nachfolger, »weiterzugeben«.

Das erste Gespräch mit dem neuen Würdenträger und den Herren des Hauses Flick im Spätherbst 1977 verläuft in »guter Atmosphäre«. Etwa 14 Tage später, am Nikolaustag, notiert sich Flick-Buchhalter Diehl die Bescherung für die Liberalen: »v. B. wg. Graf Lambsdorff 30 000.« Einige Monate darauf meldet

Flick-Buchhalter Rudolf Diehl notierte sich stets penibel, wenn der Konzern die »Bonner Landschaft« pflegte. Auf Grund seiner Aufzeichnungen müssen die Ex-Minister Lambsdorff, Friderichs und Manager von Brauchitsch vor Gericht.

Eberhard von Brauchitsch seinem Konzernherrn Friedrich Karl Flick: »Lambsdorff ist bereit, uns im Nachbarhaus die Türen zu öffnen und hält dort ein unmittelbares Vorgehen durch uns zu gegebener Zeit für richtig.«

Dort residiert ebenfalls ein neuer Hausherr. Genosse Hans Matthöfer, der Nachfolger von Hans Apel als Bundesfinanzminister, hält es für überflüssig, daß Flicks Generalbevollmächtigter sich über den FDP-Grafen bei ihm anmeldet. »Ich könne jederzeit und in jeder Angelegenheit zu ihm kommen. Er werde immer einen Termin für mich haben«, hält von Brauchitsch schriftlich fest.

Der Manager entschuldigt sich taktvoll, »den Weg über Lambsdorff genommen« zu haben. Das Wirtschaftsministerium sei halt eben »in unseren 6b-Angelegenheiten federführend«. Der direkte Weg zu Matthöfer hätte dort »möglicherweise Verstimmung hervorgerufen«.

Um die Steuer-Befreiungsaktion voranzutreiben, antichambriert von Brauchitsch nicht nur auf Ministerebene. Denn Lobbyismus – das ist ein feinmaschig gewobenes Netz aus Verbindungen zu Industrie, Politik und Bürokratie. Eine Mischung aus Verpflichtungen, Verabredungen zum Essen, aus Bekanntschaften und kurzem Dienstweg.

Der Flick-Manager spricht die Bundestagsvizepräsidentin Liselotte Funcke an. Und er spannt, wie seinen Notizen zu entnehmen ist, den Präsidenten des Bundesaufsichtsamts für das Versicherungswesen, Walter Rieger, ein, damit dieser im Bundeskartellamt und Finanzministerium vorstellig wird – um »die Herren sowohl unter kartellrechtlichen als auch unter 6b-Gesichtspunkten auf die Förderungswürdigkeit unseres Petitums hinzuweisen . . . Heute morgen hat mich Herr Rieger darüber unterrichtet«, notiert sich von Brauchitsch, »daß er die vereinbarten Telefonate geführt hat.«

Der Grund für die Mobilisierung ist einfach. Die Anträge kommen derzeit im Bundesfinanzministerium nicht richtig voran. Flick-Kritiker Rolf Böhme (SPD), inzwischen zum Staatssekretär avanciert, zieht nicht so recht mit. Da ist es gut, daß Graf Lambsdorff »mit seinen Männern soweit wie möglich hilfreich« ist, um »die Probleme im Bundesfinanzministerium zu lösen«. Auch »Matthöfer hat mir versprochen«, gibt von Brauchitsch die frohe Botschaft an FKF weiter, »mich zu informieren, falls auf diesem Weg noch ein Problem entsteht«.

Der Einsatz lohnt sich. Im September 1978, nachdem alle amtlichen Stellen ihr Ja-Wort gegeben haben, erteilt Bundeswirtschaftsminister Otto Graf Lambsdorff den Bescheid »besonders förderungswürdig« für den »2. Geleitzug« – für die steuerfreie Wiederanlage von rund 800 Millionen Mark. Jetzt gilt es nur noch, die letzte Tranche, den »3. Geleitzug« des Zwei-Milliarden-Erlöses am Fiskus vorbeizumanövrieren.

Generalstabsmäßig untersucht von Brauchitsch in der Düsseldorfer Flick-Zentrale die Gefechtslage: »In der weiteren Behandlung der Angelegenheit ist die Analyse der Haltung der verschiedenen Persönlichkeiten im Bundesfinanzministerium bei Lambsdorff und mir identisch. Dies sieht wie folgt aus: 1. Minister: positiv – 2. Staatssekretär Böhme: sachlich in-

Während der SPD-Bundestagsabgeordnete und spätere Staatssekretär Rolf Böhme (rechts) gegen die Steuerbefreiung für Flick Front macht, unterstützt der nordrhein-westfälische Minister Horst Riemer den 6b-Coup nachhaltig. Dafür läßt Flick mit 1,2 Millionen Mark das Image des Politikers aufpolieren.

different, politisch negativ – 3. Abteilungsleiter Koch: neutral – 4. Unterabteilungsleiter Uelner: negativ – 5. Sachgebietsleiter Söffing: positiv.«

So heißt es getrennt marschieren, um die Schlacht vereint zu schlagen. »Bei der gegebenen Sachlage« hält es Lambsdorff für »notwendig, Matthöfer auf die Sache anzusprechen, um seine Oberüberwachung der Behandlung der Angelegenheit sicherzustellen«, skizziert der Flick-Manager die einzelnen Etappen. Laut dieser Aufzeichnung will der Bundeswirtschaftsminister mit seinem Kollegen am 23. April reden. Und der Graf habe empfohlen, steht da weiter zu lesen, Matthöfer unmittelbar danach anzusprechen. »Das ist vorgemerkt.«

Im übrigen stehen die üblichen Hilfstruppen parat, um gegebenenfalls zu intervenieren. Försters einstiger oberster Dienstherr, der Ex-Finanzminister Friedrich Halstenberg, macht in seiner neuen Funktion als SPD-Schatzmeister bald den Genossen Matthöfer und Böhme seine Aufwartung. Das Haus Flick, bürgt Genosse Halstenberg in Bonn, sei stets »mustergültig in der Behandlung seiner Steuerangelegenheiten gewesen ... Halstenberg hatte bei beiden Gesprächspartnern den Eindruck, daß sie sein Signal verstanden haben«, hält von Brauchitsch fest.

An Geld mangelt es nicht, um die Sache nötigenfalls auf den rechten Weg zu bringen. Welche Rolle das Haus Flick dem Segen beimißt, mit dem je nach Wichtigkeit die eine oder andere Partei seit Jahren beglückt wird, streicht Eberhard von Brauchitsch in einem Schreiben an FKF noch einmal heraus:

»Ich glaube, wir sollten nicht unterschätzen, welche große Bedeutung für unser Haus die besondere Pflege der Bonner Landschaft, aber auch der gutwilligen Leute im Gewerkschaftsbereich hat. Die Wichtigkeit dieser sorgfältigen Behandlung hat sich nicht nur im bisherigen 6b-Bereich gezeigt, sondern wird es uns auch eher ermöglichen . . politisch unpopuläre Maßnahmen durchzuführen.«

Über die weltlichen Dinge wacht bei den Steyler Missionaren in St. Augustin Pater Prokurator Josef Schröder. Er ist Vermögensverwalter der Soverdia. Doch als Förster und seine Leute das Kloster durchsuchen, hüllt sich der Mönch in Schweigen.

Seine Mitbrüder sind weniger zurückhaltend. Pater Paul Zepp als Pater Provinzial einer der Ordensoberen, und Pater Franz Heek, der sich als Pater Ökonom mit um »die zeitlichen Güter« der Gemeinschaft kümmert, helfen den Beamten, so gut sie können. Das Ergebnis ist für den Protestanten Förster beeindruckend. Bundesbürger aus allen Teilen der Bundesrepublik haben sich der Zauberformel für die wundersame Geldvermehrung bedient. Die krumme Tour läuft immer auf die gleiche Weise: Wer 2000 Mark spendet, erhält eine Spendenquittung über das Fünffache.

So sind nach vollbrachter Wohltat alle reicher als zuvor, der Orden wie die Spender. Nur die Finanzämter werden zur Kasse gebeten, das scheinbar gute Werk aus Steuergeldern zu alimentieren.

Die nächsten Monate sind die Beamten voll damit beschäftigt, die Adressen jener »Wohltäter-Listen« abzuklappern, die der findige Pater erstellt hat. Nach längerem Hin und Her gestehen viele den Betrug. Nur Pater Schröder schweigt eisern. Der Orden entsendet den gefallenen Bruder fürs erste in die ferne Schweiz.

Und Fahndungschef Förster stößt auf weitere Seltsamkeiten. In den Unterlagen sind in unregelmäßigen Abständen Beträge über mehrere tausend Mark als sogenannte Meßstipendien ausgewiesen. Für das Geld wurden angeblich Messen für Verstorbene gelesen. Weil Pater Schröder kostenbewußt arbeitete, ließ er die Messen nicht im eigen Land, sondern von skandinavischen Kollegen zelebrieren. Denn dort schlug die kirchliche Feier statt mit fünf nur mit drei Mark zu Buche.

Doch als die Fahnder den Mann Gottes im Bistum Münster befragen, der als Mittler zwischen Steyler Mission und den Seelsorgern im Ausland das Geld weiterleiten sollte, beichtet der Geistliche einen weiteren Gesetzesverstoß: Zwar habe er pro Seele drei Mark für den bestellten Service erhalten, in trauter Absprache mit Pater Prokurator Schröder allerdings stets fünf Mark quittiert.

Das Geld ist nie bei den Priestern jenseits der deutschen Grenze angekommen. Der geistliche Mittelsmann hatte es seit Jahren in mehr weltlichen Dingen investiert – in Krügerrand beispielsweise, in kanadischen Goldmünzen oder in Festverzinslichem. Weil der Priester auch für andere katholische Häuser akquirierte, beläuft sich die von ihm unterschlagene Summe auf rund 800 000 Mark.

Der Fall wird zum Gegenstand kirchlicher Gutachten und Dispute werden. Dabei geht es weniger um die armen Seelen als um die Frage: »Wem stehen die Zinsen aus den noch nicht weitergeleiteten Stipendien zu«, will der Generalvikar des Bistums Münster nach dem Kirchenrecht geklärt wissen.

Beim Auswerten der beschlagnahmten Unterlagen aus dem Kloster werden die Beamten weiter fündig. Auch der Flick-Konzern hat den Missionaren über die Jahre hilfreich unter die Arme gegriffen. Es finden sich Belege für insgesamt 3,5 Millionen Mark. Wenn hier das gleiche Prinzip der Geldvermehrung

Der einstige Justiz- und spätere Finanzminister Diether Posser bestätigte, daß Unionsschatzmeister Leisler Kiep bei den Genossen die Runde machte.

von 1:5 waltete, wäre der Fiskus gleich in Millionenhöhe geschröpft worden.

Klaus Förster glaubt in diesem Fall nicht an Betrug. Wozu auch, warum sollte ausgerechnet ein solch reicher und angesehener Konzern diese krumme Tour nötig haben? Noch weiß Förster nichts von den »Geleitzügen« und 6b-Manövern des Hauses Flick. Doch sicher ist sicher. Um eine Durchsuchung der Flick-Zentrale in Düsseldorf, überlegt der Beamte, wird man wohl in absehbarer Zeit nicht herumkommen. Aber zuerst will der Fahndungschef von St. Augustin die anderen Ermittlungen vorantreiben. Die Weltfirma läuft ihm ja schließlich nicht davon.

Oberfinanzpräsident Hermann Mersmann hat inzwischen genug von Klaus Försters Widerborstigkeit. Der »O« bereitet die Zwangsversetzung des Regierungsdiektors vor, nachdem der Untergebene auf seine freundlichen Angebote nicht eingegangen ist. Er beabsichtige, schreibt der »O« am 7. Dezember 1979 an den Finanzminister von Nordrhein-Westfalen, Förster zum Vertreter des Vorstehers beim Finanzamt Köln-Ost zu ernennen. »Herr Förster . . . ist wegen der besonderen Vorliebe für sein jetziges Arbeitsgebiet mit dem in Aussicht genommenen Wechsel nicht einverstanden. Seine persönlichen Interessen müssen jedoch mit Rücksicht auf die Stellenbesetzung bei dem Finanzamt Köln-Ost und das Interesse der Verwaltung ... zurückstehen ... Ich bitte deshalb, der Abberufung des Herrn Regierungsdirektors Förster als Leiter der Steuerfahndungsstelle St. Augustin ... zuzustimmen.«

Der Form halber wird der Fahndungschef einige Tage später zur beschlossenen Versetzung gehört. Seine mündliche Beschwerde schlägt sich negativ in der Personalakte nieder – als »langatmige, sich oft in Randdetails verlierende und manchmal in der Gedankenführung sprunghafte Darlegungen«. In bestem Bürokratendeutsch bügeln seine Oberen die Einwände des Beamten ab: »So begrüßenswert es auch sei, wenn sich ein Beamter in seiner jeweiligen Funktion stark engagiere, könne eine persönliche Funktionsidentifikation in Periphерbereichen ... nicht den Verwaltungsinteressen übergeordnet werden.«

Auch der zuständige Staatssekretär in Düsseldorf zeichnet die Versetzung ab. Försters Bitte um einen Termin bei Finanzminister Dieter Posser lehnt der Minister ab. Schließlich hat sich ja bereits die Spitze des Hauses lange genug mit dem störrischen Beamten befaßt. So bleibt dem Fahndungsleiter erst einmal nichts anderes übrig, als vor Gericht zu ziehen. Noch vertraut der Jurist auf Recht und Gesetz.

KAPITEL 8

EIN DIENSTLICHES BEDÜRFNIS

»Ich möchte mich zu diesem ganzen Komplex der Spenden ... nicht äußern ... insbesondere auch deshalb, weil ich, wie gesagt, nur eine ganz sporadische, ganz sektorale und ganz subjektive Kenntnis der Vorgänge habe, um die es hier geht.«
CDU-Schatzmeister Leisler Kiep

Manchmal fragt sich Regierungsdirektor Klaus Förster, warum er sich eigentlich noch so ins Zeug wirft. Warum er den Rat seiner Kollegen nicht annimmt, einfach abzuschalten, »auf Tauchstation zu gehen«. In seiner Situation, wispert es auf den Gängen des Finanzamtes St. Augustin, da helfe nur eines: Innere Emigration, und auf die Minute genau um 16 Uhr den Bleistift fallen lassen.

Vier Jahre lang hat der Steuerfahnder ohne Rücksicht auf Parteien und gegen den erklärten Willen seiner Vorgesetzten in der von ihm aufgedeckten Spendenaffäre ermittelt. Dutzende von Firmen haben inzwischen eingestanden, Steuern hinterzogen und das Geld illegal Parteien gespendet zu haben. Doch jetzt hat die Kölner Oberfinanzdirektion genug. Der erfolgreiche Fahnder soll endgültig auf ein Abstellgleis geschoben werden.

Gegen seine Ablösung als Leiter der Steuerfahndung hat Förster schriftlich Widerspruch eingelegt. Nicht, weil er sich von diesem offiziellen Schritt größere Chancen verspricht; der Beamte will nur im Rahmen der Vorschriften nichts unversucht lassen.

Der »O« reagiert prompt. Er läßt Förster per Einschreiben mitteilen, der Beamte habe sich umgehend an seinem neuen Arbeitsplatz im Finanzamt Köln-Ost einzufinden.

Seine neue Aufgabe, darüber braucht Förster nicht lange nachdenken, läßt sich mit seiner jetzigen Arbeit nicht vergleichen. Statt Selbständigkeit erwartet ihn ein geregelter Achtstundentag voller bürokratischer Routine. Als Stellvertreter dieser großen Steuerfiliale würde er wahrscheinlich zweimal im Jahr in die Lage kommen, selbständig mit grüner Tinte bedeutendere Behördenvorgänge abzuzeichnen – immer dann, wenn der Leiter seines Finanzamtes in

Urlaub geht oder wieder seine jährliche Grippe nimmt.

Doch bevor der Fahndungschef in die andere Stellung überwechselt, stattet er als letzte Amtshandlung der Flick-Zentrale in der Düsseldorfer Mönchenwertherstraße noch einen Besuch ab. Förster will die Spendenspur, die er im Kloster der Steyler Mission St. Augustin gefunden hat, weiterverfolgen. Bei der Gesellschaft vom Göttlichen Wort »Soverdia« hatten sich bei einer Durchsuchung Spendenbelege über 3,5 Millionen Mark aus dem Hause Flick gefunden.

Fahnder Förster, seine Kollegen Bolz, Frohn und Staatsanwalt Palzer, die sich an diesem Mittwoch, dem 23. Januar 1980, auf den Weg in die rheinische Landeshauptstadt machen, wissen, daß sie vorsichtig zu Werk gehen müssen. Zwar haben sie einen gerichtlichen Durchsuchungsbeschluß, doch der Konzern ist keiner Straftat beschuldigt. Die Beamten wollen im Grunde nur wissen, warum Flick die Patres von der Steyler Mission so kräftig unterstützt hat und ob die Millionenspende eventuell mit bestimmten Auflagen verbunden war.

Es trifft sich gut, daß bei Firmen dieser Größenordnung ein ständiger Kontrolleur des zuständigen Finanzamtes im Haus weilt. Dank seiner Hilfe kommen die Beamten ohne Aufsehen am Pförtner vorbei. Als sie sich bei dem Leiter der Steuerabteilung, Heribert Blaschke, anmelden, bittet dieser um einige Minuten Geduld. Man möge einstweilen im Wartezimmer Platz nehmen.

Fahnder Bolz fällt ein kleiner Tisch auf. Unter dessen Glasplatte ist das Telefonverzeichnis der Firma ausgebreitet. Dem Beamten kommt eine Idee. In dem beschlagnahmten Notizbuch von Pater Schröder aus der Steyler Mission steht auch eine Telefonnummer aus Düsseldorf. Die Beamten vergleichen die Nummern und werden fündig. Laut Verzeichnis gehört der Anschluß einem gewissen Rudolf Diehl.

Einige Minuten später lassen Blaschke und Flick-Direktor Wacker bitten. Spenden, »Soverdia«, Steyler Mission? Da war etwas, erinnern sich die Flick-Leute vage. Bedauerlicherweise können sie jedoch nicht mit näheren Auskünften dienen. Zum einen läge das mehrere Jahre zurück, damals habe noch Konrad Kaletsch, ein Vetter des Firmeninhabers, diese Dinge geregelt. Doch der einstige Generalbevollmächtigte des Konzerns sei, erstens, leider tot und, zweitens, ein Mann einsamer Entschlüsse gewesen.

Die Summe, um die es gehe, sei wohl auch nicht so erheblich, gemessen an den sonstigen Umsätzen des Hauses. Direktor Wacker verabschiedet sich, die Arbeit warte. Kaffee wird aufgetragen. Blaschke erläutert leutselig die Größenordnungen, um die es sich normalerweise im Konzern handelt. Ob die Beamten vielleicht schon von dem Verkauf der Daimler-Benz-Aktien gehört haben, 1,9 Milliarden Mark!

Die 3,5 Millionen Mark Spenden an die Patres, hakt Förster nach, seien schließlich auch kein Pappenstiel. Die könnten wohl nicht einfach von jedem xbeliebigen Buchhalter des Hauses angewiesen werden, darüber müsse doch Buch geführt werden. Blaschke läßt eine langgediente Sekretärin kommen. Die Dame hat gleichfalls keine Ahnung. So geht es noch eine Zeitlang hin und her. Die Beamten fragen, Herr Blaschke antwortet ausweichend, hebt bedauernd die Schultern.

Schließlich erkundigt sich einer der Beamten, welche Funktion denn Rudolf Diehl im Hause bekleide. Diehl sei, so lautet die Antwort, Leiter der Buchhaltung. Die Beamten erheben sich, sie wollen Diehl sprechen. Blaschke will sie telefonisch anmelden. Doch Förster bedeutet ihm, das zu unterlassen. Die Beamten eilen über die Flure, schieben eine Sekretärin beiseite, die sie mit dem Hinweis zu bremsen versucht, daß Diehl noch Besuch habe, und betreten das Büro des Buchhaltungschefs.

Der Anblick, der sich den erfahrenen Fahndern bietet, überrascht sie nicht: Buchhalter Diehl und Direktor Wacker sortieren auf dem Schreibtisch hastig Schriftstücke. Aufgeschreckt eilt der Flick-Direktor den Eindringlingen mit ausgebreiteten Armen entgegen, um sie zu begrüßen. Buchhalter Diehl versucht derweil, einen Hefter eilig in der Schublade seines Schreibtisches verschwinden zu lassen.

Die Fahnder beschlagnahmen den Hefter. Schon beim flüchtigen Durchblättern fällt Förster auf, daß es sich bei den Spenden an das Kloster nicht nur um 3,5 Millionen Mark handelt. Die Zahlen in den Papieren weisen etwa 13 Millionen aus.

Als die Beamtentruppe aufbrechen will, läßt überraschend der Hausherr bitten. Eberhard von Brauchitsch behandelt die Beamten, wie eben bedeutende Männer häufig mit Untergebenen umgehen. In knapper Diktion erklärt er bestimmt, daß er persönlich nichts mit dem Vorgang »Soverdia« zu tun habe. Das seien Sachen, die er von seinem Vorgänger Kaletsch übernommen habe. Als Erblast sozusagen. Im übrigen gedenke er, dieses ganze Spendenunwesen einzudämmen. Verständlicherweise nicht schlagartig, wenn ihm die Beamten da folgen könnten.

Ironisch weist er auf seinen Panzerschrank: Bitte, falls weitergehender Verdacht vorläge, man möge sich keinen Zwang antun. Dann erklärt von Brauchitsch die Audienz für beendet. Er habe zu tun. Für weitere Fragen stünden seine Herren gerne zur Verfügung.

enteignen!
enteignen!
heißt:
Strauß
ein Stück
entmachten
enteignen!
heißt:
Demokratie
stützen und
nützen
enteignen!
heißt:
Dort sparen
wo das
Geld ist
enteignen!
Vor dem
nächsten
die
aus dem

Die Spenden im Zusammenhang mit der Steuerbefreiung für Flick führen nicht nur zu Prozessen. Auch Gewerkschafter protestierten in der Flick-Zentrale gegen die Verquickung von Geld und Politik.

Eberhard von Brauchitsch hat auch ohne diese lästige Durchsuchung genügend Ärger. Der Manager steht zunehmend unter Druck. Der »dritte Geleitzug« zur steuerfreien Wiederanlage des 1,9-Milliarden-Aktienerlöses kommt kaum voran. »Matthöfer hat gegenüber Lambsdorff erneut zum Ausdruck gebracht, daß er, Matthöfer, die Sache im Sinne des Votums Lambsdorff zu Ende bringen möchte«, kann er zwar seinem Chef FKF nach München melden. Nur mit der Umsetzung der Absicht hapert es: »Matthöfer hat Lambsdorff darauf hingewiesen«, daß in der Steuerabteilung seines Hauses »bedauerlicherweise noch immer schwerwiegende Bedenken bestünden«.

Auch Konzernherr Flick wird ungeduldig, läßt seinen Generalbevollmächtigten den Ärger über die schleppende Abwicklung der Steuersparaktion spüren. »Die Freundlichkeiten Bonn gegenüber haben mir bisher nicht geholfen«, murrt FKF. Von Brauchitsch soll »jetzt sofort zu M&L gehen«. Außerdem verlangt er eine Aufstellung über alle Spenden und Zuwendungen an Politiker und Parteien.

Um die Sache voranzutreiben, will von Brauchitsch bei dem Münchner Professor Klaus Vogel, Ordinarius für Steuer- und Verwaltungsrecht, ein Gutachten in Auftrag geben, ob die Anträge auf Steuerbefreiung rechtens sind. Es ist die Aufgabe von Flick-Direktor Wacker, dem vom Bundesfinanzministerium hoch geschätzten Akademiker bereits von vornherein das gewünschte Ergebnis nahezulegen. Nach mehreren Gesprächen hat der Manager den Eindruck, daß sich »Vogel im Sinne unserer Ziele einsetzen wird«.

Selbst für den unwahrscheinlichen Fall eines negativen Votums werden sich die Herren handelseinig. Wacker stimmt unter vier Augen mit dem Ordinarius das Verfahren ab: Sollte der Professor »zu einem für uns ungünstigen Ergebnis kommen, so wird er seine Arbeit sofort beenden und das Gutachten nicht ausfertigen«. Doch die Sorge ist umsonst. Vogel wird zu einem positiven Votum finden. »Seine Honorarforderungen bezifferte er auf 40 000 bis 45 000, was ich akzeptieren mußte«, berichtet Wacker der Flick-Zentrale in Düsseldorf.

Dem Bundeswirtschaftsminister Graf Lambsdorff geht die Angelegenheit ebenfalls zu schleppend voran. Er läßt von Brauchitsch wissen, er sei nicht mehr bereit, die langatmige Behandlung »durch das Bundesfinanzministerium hinzunehmen«. Notfalls würde der Liberale »die Sache« im Kabinett zur Sprache bringen, notiert sich Flicks Generalbevollmächtigter den Inhalt einer Unterredung mit dem Minister.

Die Beamten im Finanzministerium sehen vor allem nicht ein, warum es (wie der Paragraph 6b vorschreibt) von »volkswirtschaftlichem Nutzen« sein soll, wenn Flick den Gewinn aus dem Verkauf der Daimler-Benz-Aktien dazu benutzt, um sich steuerfrei beim Versicherungskonzern Gerling einzukaufen. Weil Flick sich aber viel von dieser Beteiligung verspricht, offeriert von Brauchitsch ein Tauschgeschäft. Für Gerling würde man, so der Manager, gegebenenfalls auf einen anderen Antrag verzichten – die Beteiligung an einer amerikanischen Filter-Firma ließe sich opfern.

»Wenn L (Lambsdorff/d. Red.) und M (Matthöfer) sich zu einem deal bereitfinden, dürfen sie dies« im Ministerium »gegenüber niemand erkennbar werden lassen«, schreibt Wacker auf. Denn was »wir deal genannt haben, darf es offiziell nicht geben«.

Die Politiker freunden sich mit der Offerte an. »Meine Herren haben bei den Gesprächen in Bonn den Eindruck gewonnen«, daß man an der »Zusage festhalten möchte, die 6b-Bescheinigung für Gerling zu erteilen«, informiert von Brauchitsch FKF. Lediglich einige Beamte im Finanzministerium machten noch immer Schwierigkeiten, wenngleich wohl nicht mehr lange: »Meine Herren haben weiter den Eindruck gewonnen, daß Matthöfer nachhaltig auf die Steuerabteilung einwirkt, eine Lösung zu finden, die die Gewährung der Bescheinigung nach § 6b ermöglicht.«

In dieser Situation können Begegnungen auf gesellschaftlichem Parkett nicht schaden. Gelegenheiten gibt es genug. Eberhard von Brauchitsch engagiert sich beispielsweise bei der deutschen Sporthilfe. Er war früher ein ganz passabler Boxer und auch Minister Matthöfer ist in seinen Jugendjahren gerne in den Ring geklettert. Da ist es nichts Außergewöhnliches, wenn die Ehepaare von Brauchitsch und Matthöfer 1980 beim Ball des Sports in Mainz gemeinsam mit dem Ehepaar Helmut und Hannelore Kohl am Ehrentisch Platz nehmen.

Und weil in diesen Kreisen dem Tischführer die Courtoisie obliegt, den am Tisch versammelten Damen einige Lose für die Tombola zu schenken, spendiert auch Herr von Brauchitsch der Ministergattin einige der glückverheißenden Papierröllchen. Traute Matthöfer bedankt sich: »Ihr Los hat mir Glück gebracht, leider kein Mercedes, aber immerhin etwas.« Die Dame hat einen kleinen Brillantring gewonnen.

Aber es liegt sicher nicht an jener kleinen Aufmerksamkeit, daß Lambsdorff und Matthöfer schließlich auch den letzten Teil der 1,9-Milliarden-Investition des Hauses Flick im Oktober 1981 nahezu steuerfrei genehmigen. Denn, wie sagt der liberale

Marktwirtschaftler Otto Graf Lambsdorff: »Es heißt schließlich Bundeswirtschaftsminister für und nicht gegen Wirtschaft.«

Was das alles in Mark und Pfennig gekostet hat, wird von Brauchitsch später auflisten. Kassensturz ist nämlich ein Prinzip des Hauses, und Mäzenatentum dieser Art hat Tradition im Hause Flick. Schon bei den Nürnberger Kriegsverbrecher-Prozessen wartete Flick Senior 1946 mit einer Liste auf, derzufolge die Firma allein im Krisenjahr 1931 nicht weniger als 1,5 Millionen Reichsmark an die politischen Parteien in Weimar gespendet hatte.

Der Segen, den Eberhard von Brauchitsch im Namen des Flick-Konzerns der »Bonner Landschaft« und anderen Regionen spendete, schlug immerhin mit rund zehn Millionen Mark zu Buche. Gemessen an den ersparten Steuern von rund 800 Millionen Mark freilich eine Summe, die nicht allzusehr ins Gewicht fällt. Doch dies ist nur ein Teil des Geldes, der den Weg zu den Schatzmeistern der verschiedenen Parteien gefunden hat. Ein mindestens ebenso hoher Betrag ist über dunklere Kanäle gelaufen.

Die Beamten der Steuerfahndung St. Augustin quälen sich unterdessen durch die in der Flick-Zentrale beschlagnahmten Papiere. Merkwürdiges kommt dabei zutage: Nicht nur die Wege des Herrn sind verschieden, müssen die Fahnder erfahren, sondern auch die der Spenden. Insgesamt flossen 12,3 Millionen Mark des Konzerns in die Kassen der Steyler Mission, und zwar auf dem Umweg über Banken in der Schweiz.

Fest steht, daß verschiedene Tochterfirmen des Konzerns mit hohen Spendenquittungen bedacht wurden. Doch in dem Kuddelmuddel der Kloster-Buchhaltung, die von der Steuerfahndung zu Rate gezogen wird, kennen sich selbst die hilfsbereiten Patres nicht aus.

Da kommt, fast einem Wunder gleich, etwas Licht in die verworrene Angelegenheit. Der einstige Vermögensverwalter der »Soverdia«, Pater Josef Schröder, der von seinem Orden in die Schweiz »verbannt« worden ist, geht in sich. Gegen Zusicherung freien Geleits begibt der Priester sich für einige Stunden auf deutschen Boden und legt in dem Grenzstädtchen Lörrach vor einem Beamten der Steuerfahndung, einem Staatsanwalt und einem deutschen Richter ein Geständnis ab. Demnach hat der größte deutsche Privatkonzern das Kloster ein Jahrzehnt lang als Geldwaschanlage mißbraucht.

Das Geständnis enthüllt ein Komplott, wie es in der Regel nur guten Krimiautoren einfällt. Um Spenden einzutreiben, hat der Pater Prokurator Mitte der sechziger Jahre an fünfzig Bundestagsabgeordnete Bettelbriefe geschrieben. Zu den wenigen, die ihm antworteten, zählt der CDU-Bundestagsabgeordnete Walter Löhr. Nicht ganz uneigennützig, wie sich bald herausstellt. Der Volksvertreter, gleichzeitig Schatzmeister der hessischen Christdemokraten, bietet dem frommen Mann ein anrüchiges Gegengeschäft an:

Der Geistliche könne viel Geld von Flick bekommen, wenn er als Geschäftsführer der »Soverdia« entsprechend hohe Spendenquittungen ausstelle. Die milde Gabe aus dem Hause Flick müsse jedoch anschließend zu 80 Prozent wieder an den Absender zurückfließen. Zehn Prozent der Summe ginge dabei als Provision an ihn, Löhr. Den Rest könnte die Steyler Mission dann für andere wohltätige Zwecke verwenden.

Der Pater ist erfreut. Seine Aufgabe ist es lediglich,

die Bilanz des Klosters zu manipulieren und überhöhte Quittungen auszustellen, die Flick wiederum von der Steuer absetzen kann. 1968 trifft der erste Scheck über 2,5 Millionen aus Düsseldorf ein.

Weil es zu den Spielregeln gehört, daß der Rückfluß des Geldes aus Tarnungsgründen über das Ausland erfolgen muß, richtet der Ordensmann ein Nummernkonto beim Schweizer Bankverein in Luzern ein. Als Löhr 1976 stirbt, übernimmt Flick-Buchhalter Rudolf Diehl die Betreuung des »Projektes Steyl«.

Welche Komplikationen der Geldtransfer gelegentlich mit sich brachte, geht aus dem Geständnis des Paters Schröder hervor:

Aus der Spende von einer Million Mark »habe ich im November 1976 DM 800 000,– auf das Konto der Steyler Mission in Luzern überwiesen. Gleichzeitig hatte ich mit Herrn Diehl als Termin für die Geldübergabe in Düsseldorf den 30. 11. 76, 11 Uhr, in seinem Büro bei der Flick KG in Düsseldorf-Oberkassel verabredet. Ich bin dann am 29. 11. 76 mit dem Zug in die Schweiz gereist. Bei der Ankunft in Basel hatte der Zug Verspätung; ich habe deshalb den Anschlußzug nach Luzern nicht erreicht. Um aber den für den nächsten Vormittag verabredeten Termin mit Herrn Diehl in Düsseldorf einhalten zu können, nahm ich in Basel eine Taxe, mit der ich nach Luzern fuhr. Dort traf ich gegen 16.00 Uhr bei der Bank ein, wo ich bereits erwartet wurde, da ich die 1000-DM-Noten vorbestellt hatte. Ich habe in der Bank einen Barscheck ausgeschrieben, der sofort eingelöst wurde. Zur Beschaffung dieser DM-Noten hatte die Bank eine Gebühr von 4000,– DM berechnet, die ich aus dem mir ausgehändigten Betrag von DM 800 000,– bar bezahlte . . . Die Taxe, mit der ich von Basel ge-

Nachdem Top-Manager Eberhard von Brauchitsch für die Firma in Bonn die Steuerbefreiung von rund 800 Millionen durchgesetzt hat, hat der Generalbevollmächtigte seine Funktion für das Haus Flick erfüllt. Konzernchef Friedrich Karl Flick, der auch in Zukunft den Parteien Spenden zukommen lassen will, trennte sich von seinem Hausmeier.

kommen war, hatte ich vor dem Bankgebäude warten lassen und bin . . . sofort nach Basel zurückgefahren. Dort erreichte ich den letzten Zug nach Bonn. Die Geldübergabe fand im Arbeitszimmer des Herrn Diehl im Hause der Flick KG statt und zwar unter vier Augen. Es handelte sich um gebündelte 1000-DM-Noten und zwar sieben Bündel zu je 100 Stück und ein Bündel zu 96 Stück (aus dem letztgenannten Bündel hatte ich die DM 4000 entnommen, mit der ich die Bankspesen in Luzern bezahlt habe). Ich übergab Herrn Diehl das Geld. Er zählte in meiner Gegenwart nicht nur die Zahl der Bündel nach, sondern er zählte jedes einzelne Bündel nach.«

Als die Fahnder von St. Augustin zusammen mit den Staatsanwälten aus Bonn ein zweites Mal bei Flick einrücken und diesmal – ohne Förster – das Unterste nach oben kehren, werden sie weiter fündig. In diversen Panzerschränken, Bankschließfächern und Schreibtischschubläden finden sich Aufzeichnungen und Listen mit Namen. Die sorgfältigen Eintragungen des Firmenbuchhalters Rudolf Diehl und die Notizen des Generalbevollmächtigten von Brauchitsch zeichnen ein erschreckendes Sittengemälde der Bundesrepublik.

Fast die gesamte erste Garde der Bonner Politiker steht auf den Listen des Konzerns. Ob Helmut Kohl, Alfred Nau, Hans-Dietrich Genscher oder Franz Josef Strauß – die CDU/CSU hat Geld bekommen, die SPD, die FDP sowieso.

Durch die jahrelange Vorarbeit des Steuerfahnders Klaus Förster sensibilisiert, stoßen Bonner Staatsanwälte auf immer neue Geldwaschanlagen. In Koffern, per Überweisungen und auf Umwegen jenseits der deutschen Grenze kam Geld von Firmen bei den Parteien an. Summen, die oft genug der Steuer entzogen

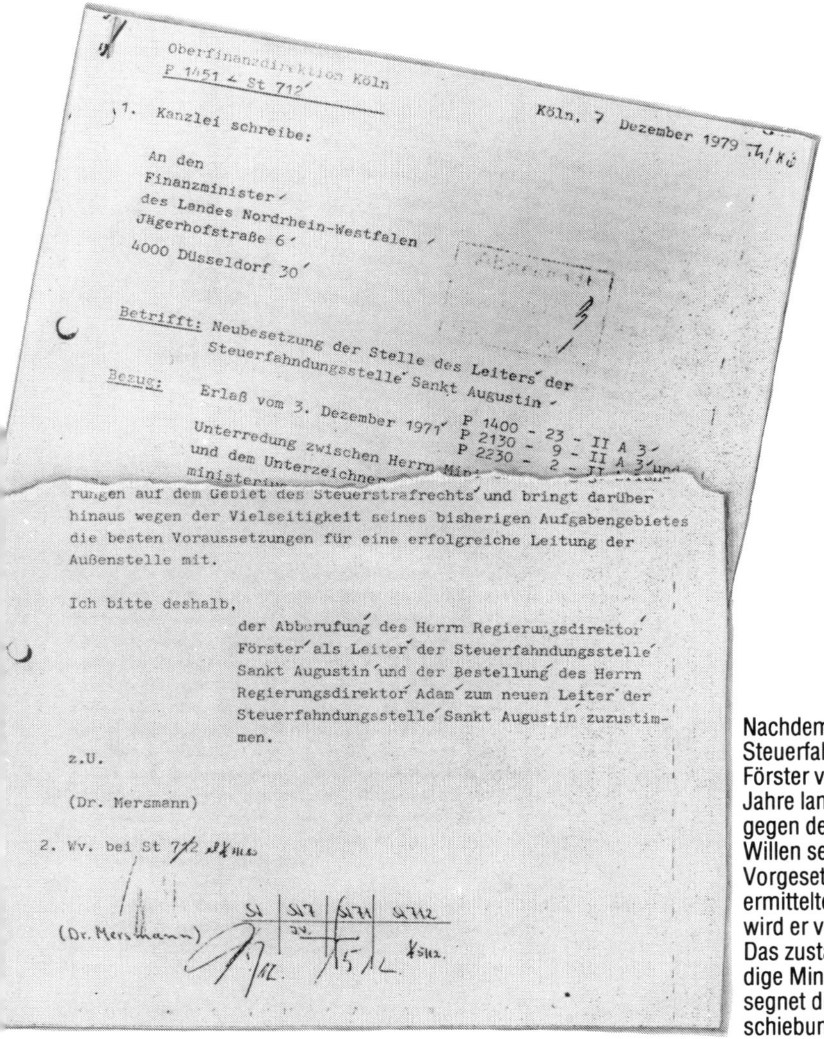

Oberfinanzdirektion Köln
P 1451 - St 712

1. Kanzlei schreibe:

Köln, 7 Dezember 1979

An den
Finanzminister
des Landes Nordrhein-Westfalen
Jägerhofstraße 6
4000 Düsseldorf 30

Betrifft: Neubesetzung der Stelle des Leiters der Steuerfahndungsstelle Sankt Augustin

Bezug: Erlaß vom 3. Dezember 1971 P 1400 - 23 - II A 3, P 2130 - 9 - II A 3, P 2230 - 2 - II ...
Unterredung zwischen Herrn Min... und dem Unterzeichner ... ministeri...

rungen auf dem Gebiet des Steuerstrafrechts und bringt darüber hinaus wegen der Vielseitigkeit seines bisherigen Aufgabengebietes die besten Voraussetzungen für eine erfolgreiche Leitung der Außenstelle mit.

Ich bitte deshalb,

der Abberufung des Herrn Regierungsdirektor Förster als Leiter der Steuerfahndungsstelle Sankt Augustin und der Bestellung des Herrn Regierungsdirektor Adam zum neuen Leiter der Steuerfahndungsstelle Sankt Augustin zuzustimmen.

z.U.

(Dr. Mersmann)

2. Wv. bei St 712

(Dr. Mersmann)

St	St 7	St 71	St 712

Nachdem Steuerfahnder Förster vier Jahre lang und gegen den Willen seiner Vorgesetzten ermittelte, wird er versetzt. Das zuständige Ministerium segnet die Abschiebung ab.

Weil dem Regierungsdirektor Klaus Förster »eine weitere Mitarbeit wenig sinnvoll« erscheint, quittiert der Beamte 1983 den öffentlichen Dienst. Zuvor zog Förster gegen die Versetzung vor Gericht. Doch die Richter hatten in der Abschiebung nichts Anrüchiges finden mögen, da in der Verwaltung »ein dienstliches Bedürfnis« vorlag, eine andere Stelle zu besetzen.

worden waren. Allein über die Konten der »Staatsbürgerlichen Vereinigung«, wie sich eine der »Wäschereien« treffenderweise nennt, wurden zwischen 1969 und 1980 mehr als 200 Millionen Mark verschoben.

Auch die Genossen mochten bei dem Monopoly-Spiel nicht abseits stehen und kassierten fleißig mit – über die Friedrich-Ebert-Stiftung oder über den »Vorwärts«-Verlag. Es gab Schein-Abonnements für Druckschriften, die gar nicht ausgeliefert wurden; Aufträge für Anzeigen, die nie erschienen. Freilich wurden die Unionsparteien und die FDP von den Firmen weit besser bedient als die Sozis. Und so mag denn die sozialdemokratische Mäßigung nicht zuletzt auch ein Mangel an Gelegenheit gewesen sein.

Das kaum faßbare Ausmaß der Verstrickungen von Politik und Wirtschaft, das durch die Zähigkeit des Steuerfahnders Klaus Förster mit zutage gefördert wurde, hat das Demokratieverständnis der Bürger wie noch nie zuvor in der Geschichte der Republik ramponiert. Es ist nicht nur das »Neue Deutschland« in Ost-Berlin, das da höhnte: »Kein Lehrbuch über den staatsmonopolistischen Kapitalismus« könnte »überzeugender die Abhängigkeit von Politikern vom großen Geld deutlich machen«. Auch hierzulande korrespondiert das geminderte Unrechtsbewußtsein der meisten Politiker, die in die Affäre verstrickt sind, mit jenem getrübten Bild, das die Bundesdeutschen seither von ihren Parteien haben.

Eberhard von Brauchitsch und Klaus Förster, der Topmanager und der Steuerfahnder, teilen ein ähnliches Schicksal. Nachdem von Brauchitsch die Flick-Milliarden vor der Steuer gerettet hat, braucht ihn der Konzern nicht mehr. FKF und Brauchitsch trennen sich.

Klaus Förster klagt vergeblich vor Gericht gegen seine Ablösung als Chef der Steuerfahndung. Selbst wenn bei der Versetzung Försters eine »Disziplinierung« des Beamten »für sein unbequemes Verhalten in der Spendenaffäre eine Rolle gespielt hat«, urteilt das Verwaltungsgericht Köln im Namen des Volkes, sei sie rechtens. Politischen Gründen mochten die Gesetzeshüter erst gar nicht nachspüren. Sollte »ein dienstliches Bedürfnis« für eine solche Maßnahme bestehen, urteilt anschließend auch das Oberverwaltungsgericht, kann ein deutscher Beamter einfach »abgeordnet« werden – wie immer ein solches Bedürfnis aussehen mag.

So zieht Regierungsdirektor Klaus Förster von sich aus im August 1983 die Konsequenz. Ihm erscheint »eingedenk meines Beamteneides« eine »weitere Mitarbeit im öffentlichen Dienst wenig sinnvoll«, schreibt der Beamte seinem obersten Dienstherrn, dem Finanzminister Posser, und quittiert den Dienst.

Die Antwort kommt drei Tage später, auf feinem Büttenpapier. Der Minister läßt durch seinen Staatssekretär dem einstigen Fahnder »für Ihre Zukunft alles Gute« wünschen. Dann ermahnt der Staatssekretär den Untergebenen ein letztes Mal, die Dienstvorschrift zu beachten. Förster, so der kurze Brief zu einem langen Abschied, sei jetzt »nicht mehr befugt« seine »Amtsbezeichnung zu führen«.

Vor dem Flick-Untersuchungsausschuß des deutschen Bundestags beteuerten Bundeskanzler Helmut Kohl, Schatzmeister Walther Leisler Kiep, CDU, und sein einstiger Kollege Friedrich Halstenberg von der SPD ihre Unschuld in Sachen Steuerbefreiung. Daß Gelder in Millionenhöhe in die Parteikassen geflossen sind, konnten sie nicht in Abrede stellen.

ANHANG

Auszüge der
Befragung vor dem
Flick-Ausschuß
des Deutschen
Bundestages

»Scheine auf Cash, auf die Pfote oder wie?«

1. Eberhard von Brauchitsch

PENNER: Wie sehen Sie das selbst: das Wirken der Lobby im Verhältnis zum Wirken von Mandatsträgern, von Abgeordneten?

VON BRAUCHITSCH: Ich glaube nicht, daß die Mandatsträger in erster Linie Ziel der Lobby sind. Ziel der Lobby ist es, Klima herzustellen oder schlechtes Klima zu beseitigen. Die Lobby ist etwas, was nach meinem politischen Verständnis zur offenen Gesellschaft, zu der wir uns bekannt haben, gehört. Die Lobby wird sehr stark auch von der Administration und von den Mitgliedern des Deutschen Bundestages in Anspruch genommen. Ich nehme also an, daß das auch Sinn und Verstand hat.

PENNER: Es ist gar keine Wertung in der Frage. Ich wollte nur von Ihnen wissen, da Sie offensichtlich politischen Einfluß auf Verwaltungsentscheidungen in diesem konkreten Fall beklagt haben – ich meine, ich tue Ihnen kein Unrecht, wenn ich das jetzt so zusammenfasse, denn Sie haben das auch im Laufe des Tages so verschiedentlich zum Ausdruck gebracht –: Wie sehen Sie demgegenüber das Wirken der Lobby?

VON BRAUCHITSCH: Die Lobby nimmt doch keinen Einfluß, daß das Recht nicht angewendet wird, um Gottes willen.

PENNER: Würden Sie denn sagen, daß politische Verantwortung Einfluß darauf nimmt, daß das Recht gebrochen wird?

VON BRAUCHITSCH: Ja, das, was ich heute morgen zitiert habe . . . Ich habe nur wörtliche Zitate gebracht, ich wollte Sie nicht langweilen, die Dokumentation ist so dick. Dieses ist so . . . (. . .)

SCHILY: . . . Wer hat denn auf die Zahlungsform den besonderen Wert gelegt? Sie oder der Anfordernde?

VON BRAUCHITSCH: Der Anfordernde.

SCHILY: Anfordernde. Die wollten bares Geld haben.

VON BRAUCHITSCH: Soweit sie das gekriegt haben, ja.

SCHILY: Ja. Ja gut, im Rahmen des Möglichen.

VON BRAUCHITSCH: Nein, soweit sie es angefordert haben. Wenn sie gesagt haben: »Ich möchte dieses in bar haben«, dann haben sie es in bar gekriegt.

SCHILY: Ja. Hat man Ihnen eigentlich je einen Grund genannt, warum das in bar erfolgen sollte?

VON BRAUCHITSCH: Ja, ich

habe das am Beispiel Karry vorhin ja geschildert. Er suchte einen Sonderfonds. Ich hatte bei Herrn Nau, den ich hier geschildert habe, den gleichen Eindruck, daß hier Dinge waren, die aus einem Sonderfonds bezahlt werden sollten.

SCHILY: Ja, gut, Sonderfonds kann man doch auf ein Konto, da kann doch eine Überweisung auf ein Konto . . .

VON BRAUCHITSCH: Nein, dann haben Sie ja eine Verbuchungspflicht beim Empfänger.

SCHILY: Ach, ging es darum? Ah, ja. War es so, daß man also eine Buchung nicht vornehmen wollte?

VON BRAUCHITSCH: Das weiß ich nicht.

SCHILY: Muß praktisch nicht in die Bücher kommen.

VON BRAUCHITSCH: Das Motiv ist mir nicht gesagt worden. Aber es ist für mich das plausible Motiv, wenn jemand sagt: Ich möchte einen Sonderfonds einrichten. Wenn er den aus den normalen Parteieinnahmen heraus speisen wollte, brauchte er keine Barzahlungen.

SCHRÖDER (SPD): Darf ich einmal zwischenfragen?

SCHILY: Bitte, ja.

SCHRÖDER: Hat Ihnen Herr Dr. Kohl eine Begründung für seinen Wunsch nach Barzahlung genannt?

VON BRAUCHITSCH: Ja, soweit Herr Dr. Kohl persönlich angefordert hat. In jedem Fall glaube ich auch, daß es dort darum ging, zum Beispiel Wahlaufwendungen zu bezahlen, die in den Gesamtbereich nicht – wollen wir einmal sagen – hierarchisch nicht so hineinpaßten. So habe ich das verstanden. Wissen Sie: Meine Bereitschaft, unhöflich zu sein hohen Politikern gegenüber, ist ja begrenzt, wie Sie wissen. Und ich kann ja nicht dauernd hinterfragen und sagen: »Also was machst du denn damit?« oder so etwas.

SCHRÖDER: Nein, nein. Ich meine nur, weil Sie gesagt haben, der Wunsch nach Barzahlung sei von den Empfängern, nicht von dem Spender ausgegangen.

VON BRAUCHITSCH: Ja, entweder direkt oder indirekt. Ich habe nicht auf den Empfänger allein abgestellt.

SCHRÖDER: War das erkennbar, oder sind da ausdrücklich Begründungen dafür gegeben worden?

VON BRAUCHITSCH: Nein. Da sind mal Begründungen gegeben worden und danach nicht mehr. Da ja . . . Eine Begründung ist ja genug für die anderen.

SCHRÖDER: Im Falle Dr. Kohl?

VON BRAUCHITSCH: Möchte ich so annehmen, wie ich es eben gesagt habe. Ja.

SCHRÖDER: Wissen Sie aber nicht mehr genau?

VON BRAUCHITSCH: Nein.

SCHRÖDER: Wenn Sie annehmen, daß Begründungen gegeben worden sind, die sozusagen Zahlungen betrafen, die außerhalb der üblichen Ausgaben einer Partei waren, wie erklären Sie sich dann, daß dieses Geld weitergegeben worden sein soll an die Partei? Das ist ja doch ein Widerspruch.

VON BRAUCHITSCH: Das ist ein Thema des Parteispendenverfahrens, und da würde ich ganz gerne – übrigens teilweise auch bei anderen Personen des Strafverfahrens ... Denken Sie einmal an Hinz und Kunz, und denken Sie an Hase. So daß ich Sie schon um Verständnis bitte, daß ich eigentlich nicht mehr sehr viel tiefer in dieses Thema eindringen möchte.

SCHRÖDER: Darf noch einmal etwas ... Soweit Sie sich überhaupt dazu geäußert haben, und dabei wird es ja auch bleiben ...

VON BRAUCHITSCH: Verzeihung?

SCHRÖDER: Ich sage: Ich verstehe das. Soweit Sie sich überhaupt geäußert haben, würde ich gerne noch einmal nachfragen: In welcher Form ergab sich die Übergabe des Geldes zum Beispiel an Herrn Dr. Kohl?

VON BRAUCHITSCH: In bar.

SCHRÖDER: In bar, ja. Ich meine: Scheine auf cash, auf die Pfote oder wie?

VON BRAUCHITSCH: Nein, sehr vornehm, natürlich mit einem Kuvert.

SCHRÖDER: Kuvert.

SCHILY: Mit Tesafilm verschlossen?

VON BRAUCHITSCH: Ich habe nicht verstanden.

SCHILY: Ob das Kuvert mit Tesafilm verschlossen war.

VON BRAUCHITSCH: Das möchte ich annehmen. Ja.

SCHRÖDER: Bei welchen Anlässen hat die Übergabe stattgefunden?

VON BRAUCHITSCH: Ich möchte mich so generell zu dem Thema nicht mehr äußern; denn wir kommen in die Technik der Parteienfinanzierung. (...)

BOHL: Ich würde gern zu dem Komplex kommen »Nau«, wenn ich das so verkürzt sagen darf. Sie haben hierzu gestern auch Aussagen gemacht. Können Sie uns das noch einmal vortragen? Anfang 1979 wohl haben Sie ein Gespräch mit Herrn Nau geführt, oder ist Herr Nau auf Sie zugekommen? . . .

VON BRAUCHITSCH: Im Zuge meiner Bemühungen, die Angriffe gegen die rechtskonforme Behandlung des Hauses Flick abzuwehren – hier sind bereits heute vormittag eine Reihe von Beispielen für Gespräche präsentiert worden –, haben auch Gespräche mit Herrn Nau stattgefunden. Herr Nau hat mir gegenüber zum Ausdruck gebracht, daß er unsere Argumentation für völlig in Ordnung hält, daß er kein Verständnis hat, daß hier Politik gegen Rechtsanwendung gesetzt wird, und er hat da zugesagt, im Rahmen seiner Möglichkeiten einzuwirken, daß diese Angriffe endlich reduziert werden oder gar aufhören. (. . .)

BOHL: Was waren denn Ihre Erklärungen zum Schluß dieses Gespräches gegenüber Herrn Nau?

VON BRAUCHITSCH: Na, an den Schluß von Gesprächen, die so lange zurückliegen, kann ich mich natürlich nicht erinnern. Aber Herr Nau, das war mir aus anderem Zusammenhang bekannt, war, was das Betreiben von Mitteln anging, sowohl in seiner Partei als auch in seiner Stiftung doch sehr engagiert. Über Geld ist dort gesprochen worden, nicht um über Konkretes zu reden. Im übrigen würde ich hier jetzt in das Strafverfahren eintreten, was ich nicht möchte, sondern ich berufe mich auf meine Eingangserklärung. Ich möchte da nicht weiter gehen. Aber ich habe Ihnen das gestern gesagt. Daraufhin sind Barzahlungen an Herrn Nau wiederholt und in erheblichem Umfange geflossen.

BOHL: Nach diesem Gespräch Anfang April 1979?

VON BRAUCHITSCH: Ja, mit Fragezeichen. Ich habe die Unterlagen nicht da, um Ihnen präzise zu sagen, daß dies das erste Mal gewesen ist, daß Herr Nau zu erkennen gegeben hat, daß er von mir gerne seine Kasse unterstützt haben möchte.

BOHL: Bezieht sich das Fragezeichen jetzt nur auf das Datum?

VON BRAUCHITSCH: Ja, auf das Datum. Der Inhalt ist so klar beantwortet, wie ich es getan habe.

BOHL: Wenn Sie über die Höhe dieser Barzahlungen nichts sagen wollen, möchte ich dennoch fragen: Wie oft sind denn danach Barzahlungen erfolgt?

VON BRAUCHITSCH: Mehrfach.

BOHL: Können Sie sich nicht mehr erinnern, wie oft das war?

VON BRAUCHITSCH: Das gehört zu dem Teil, den ich gern dem Gericht überlassen möchte.

BOHL: Das »mehrfach« wollen Sie auch nicht weiter erläutern?

VON BRAUCHITSCH: Meine Definition von »mehrfach« ist: mehr als zweimal!

BOHL: Heißt Barzahlung, daß Sie es Herrn Nau persönlich übergeben haben?

VON BRAUCHITSCH: In Kuverts!

BOHL: Aber Sie persönlich an Herrn Nau persönlich?

VON BRAUCHITSCH: Ja.

BOHL: In Düsseldorf, in Bonn?

VON BRAUCHITSCH: Wir sind wieder vor Gericht.

BOHL: Sind dabei Zweckbestimmungen nicht ausgesprochen worden?

VON BRAUCHITSCH: Ich hatte den Eindruck, daß es für unseren Zweck, diese Angriffe abzuwehren, gut wäre, Herrn Nau heiter zu stimmen.

BOHL: War er heiter?

VON BRAUCHITSCH: Er kam dann immer wieder, wenn er nicht mehr heiter war.

BOHL: Wie lange dauerte es denn, bis er nicht mehr heiter war?

VON BRAUCHITSCH: Wir sind bei mehrfach!

»Unsere finanzielle Lage war ja alles andere als üppig.«

2. Bundeskanzler Helmut Kohl

LANGNER: Ich möchte einmal auf die Spenden zu sprechen kommen, Herr Bundeskanzler. (. . .)

KOHL: . . . Ich kann nach den Unterlagen bis 1976 über die einzelnen Positionen nichts sagen. Aber ich bin mir ganz sicher, daß die Zahlen für 1975 und 1976 – die Zahlen sind ja höher als in den übrigen Jahren – wahrscheinlich so waren. Ich kann es aus eigenem Bekunden nicht mehr sagen. Der Landesgeschäftsführer, mit dem ich eingehend darüber gesprochen habe, hat auch nur eine Erinnerung in dem Sinne, daß da Spenden gekommen sind. Denn das war eine sehr wichtige Landtagswahl und eine sehr wichtige Bundestagswahl.

Die Landtagswahl 1975 war jene Landtagswahl im Zusammenhang mit bundesdeutschem Interesse durch meine Kanzlerkandidatur. Sie wissen, ich stand damals unter einem ganz ungewöhnlichen Erfolgsdruck. Am Wahlabend hatte ich das bisher beste Wahlergebnis in der Geschichte der CDU in Rheinland-Pfalz erreicht gehabt. Dennoch war die erste Frage des Reporters der ARD: Wie erklären Sie sich, daß Sie bei der Wahl so schlecht abgeschnitten haben? Es gab innerhalb und außerhalb der Union Interessierte an diesem Wahlergebnis. (. . .)

In dieser Zeit danach – das sind dann die Summen vom 10. 5. 1977 in Ihrer Liste bis zum 30. 1. 1980 – habe ich in einem Brief angegeben, daß mir am 5. Juli 1977 50 000 DM, daß mir am 9. März 1979 55 000 DM bestätigt wurden – das ist offenkundig die Addition der beiden Beträge von 30 000 und 25 000 DM – und daß am 24. April 50 000 DM bestätigt wurden.

Alle Spenden für die Bundespartei stehen zur Verfügung der Schatzmeisterei der CDU. (. . .)

LANGNER: Wie war das eigentlich, wenn man als Parteivorsitzender bei Herrn von Brauchitsch eine Spende entgegennahm? Wurde da ein Treffen eigens für die Spende verabredet, oder hat er solche Kuverts bei Gelegenheit anderer Besprechungen übergeben?

KOHL: Ich habe wie viele andere Herrn von Brauchitsch immer wieder angesprochen – denn unsere finanzielle Lage war ja alles andere als üppig –, uns, wenn möglich, zu helfen. Das ist ja nicht mit den eben genannten Daten begonnen worden, sondern, wie ich schon gesagt habe, zu Beginn der siebziger Jahre.

Herr von Brauchitsch hatte dann aus seinen Gründen den Weg gewählt, diese Spenden bar zu überbringen. Es ist kein Datum ausgemacht worden. Wenn er kam oder jemanden vorbeischickte, hat er diese Spende mir übergeben. Ich habe die Spenden entgegengenommen und bei der nächsten Gelegenheit, wenn ich Herrn Dr. Lüthje traf, wenn der einen Termin bei mir hatte, ihm übergeben. Das war nicht am gleichen Tag, sondern meistens wesentlich später.

LANGNER: Wenn Herr von Brauchitsch mal so eine Spende im Kuvert übergeben hat, hatten Sie dann den Eindruck, daß er vorher Anliegen vorgetragen hat, besonders in den Besprechungen?

KOHL: Nein. Ich muß es ausdrücklich sagen – gerade weil jetzt eine solche Kampagne im Gange ist –, daß ich mich nicht an eine einzige Aktivität erinnern kann, die etwa mit Spenden verbunden ist, wie ich übrigens prinzipiell sagen möchte, daß bei Auseinandersetzungen über Sachfragen – ich habe vorhin die Steuerfrage mit der Mehrwertsteuer 1975/76 im Zusammenhang mit Gaddum/Kohl erwähnt – mir in meiner ganzen Amtszeit als Bundesparteivorsitzender derartige Zumutungen nicht gestellt wurden, von keiner Seite. Was hier gegenwärtig zum Teil öffentlich behauptet wird, ist schlicht und einfach unwahr.

LANGNER: Sie sagen, er hat nicht nur keine besonderen Anliegen vorgetragen, Auflagen hat es auch nicht gegeben?

KOHL: Auflagen ganz gewiß auch nicht. Das habe ich eben schon beantwortet.

LANGNER: Herr Bundeskanzler, aber wenn man so eine Spende bekommt, dann sagt man ja »Danke schön« zum Spender.

KOHL: Das gehört sich eigentlich, ja.

LANGNER: Sind da mal irgendwelche Bemerkungen gefallen so nach der Art: »Schon gut, die anderen kriegen ja auch!«, oder . . . ?

KOHL: Das ist ja nun wirklich eine Frage, die ich Herrn von Brauchitsch nicht zu stellen hatte.

LANGNER: Ich frage nur, ob Sie aus eigenem Wissen etwas in Erinnerung haben, nicht, was in der Zeitung gestanden hat oder was Sie woandersher wissen, sondern ob er mal bei einer Übergabe gesagt hat: »Na ja, es ist ja nicht nur für die CDU«.

KOHL: Herr Vorsitzender, Sie dürfen bei mir davon ausgehen – ich bin jetzt 30 Jahre Parteivorsitzender auf allen Ebenen: Kreis-, Bezirks-, Landes- und Bundesvorsitzender und bin dadurch auch 30 Jahre im Meinungsspiegel der Öffentlichkeit –, daß ich zu relativieren weiß zwischen dem, was gelegentlich manche in der Zeitung schreiben, und dem, was wirklich ist.

Ich habe natürlich gewußt, daß die Sozialdemokratische

Partei und die Freie Demokratische Partei vom Flick-Konzern genauso Mittel erhalten wie sonstwo. (. . .)
STRUCK (SPD): Darf ich Sie fragen, Herr Zeuge, wie Sie sich auf diese heutige Anhörung hier im Untersuchungsausschuß vorbereitet haben? Sie haben nämlich vorgelesen. Sind das Handakten, die Sie selbst haben zusammenstellen lassen?
KOHL: Ich habe mir das überlegt, Herr Abgeordneter. Denn es gab ja ein Mitglied dieses Hauses, dieses Ausschusses, das mir angeraten hat, ich solle mich warm anziehen. Ich habe dann also gefragt, wer das ist, weil ich den Kollegen nicht kannte. Dann hat mir einer meiner Mitarbeiter gestern den STERN, den ich auch nicht zu lesen pflege, gezeigt, und das Bild hat eine gewisse Ähnlichkeit mit Ihnen, Herr Abgeordneter. Deswegen weiß ich nicht, was der Sinn der Frage ist, »warm anziehen«. Ich bin heute ganz normal angezogen. Ich habe die Akten, die der Herr Vorsitzende mir übersandt hat. Ich habe mir natürlicherweise überlegt, das sind Sachverhalte, die viele Jahre zurückliegen. Beispielsweise das, was die Spenden betrifft, kann ich überhaupt nicht aus dem Kopf sagen. Ich habe mich mit den zuständigen Leuten noch einmal unterhalten über die Daten, daß das auch alles stimmt. Dann habe ich mir noch einmal herausgeben lassen, etwa was den Journalisten Kloss betrifft, was das Unternehmensrecht betrifft, was Teleskopie betrifft. Das konnte ich ja alles in der Zeitung lesen. Es waren viele Ankündigungen über das heutige Ereignis. Das Spektakulum zu Beginn der Sitzung war ja auch bewußt herbeigeführt. Bestimmte Druckerzeugnisse aus Hamburg haben ja schon diesen Mittag entsprechend vorbereitet. Insofern bin ich sehr gut vorbereitet.
STRUCK: Was die Bemerkung »warm anziehen« angeht, Herr Zeuge, darf ich sagen: das war reine Fürsorge von mir. Wenn Sie das bitte so auffassen wollen. (. . .)
Die Liste von Herrn Diehl ist Ihnen auch von der Staatsanwaltschaft vorgehalten worden. Sie haben dann in einem Schreiben, nachdem Sie zunächst ausgesagt hatten, Sie können sich an zwei bis drei Vorgänge erinnern, in denen das Geld in bar von Herrn von Brauchitsch übergeben worden ist, dann bestimmte Vorgänge nachgetragen. Darf ich Sie einmal fragen zu diesen Barübergaben durch Herrn von Brau-

chitsch: Wie ist das im einzelnen vor sich gegangen?

KOHL: Nun, wenn Herr von Brauchitsch zu mir kam aus irgendeinem Besprechungsgrund, und ich hatte ihn immer wieder wie andere auch gebeten, uns zu unterstützen, und dann kam er, und dann hatte er einen Betrag in einem Kuvert mitgebracht, und den habe ich entgegengenommen und mich bedankt und habe ihn weggeschlossen und bei nächster Gelegenheit dann an die Schatzmeisterei weitergeleitet.

STRUCK: Wie sah das denn aus zum Beispiel. Neutrales Briefkuvert, nichts drauf, »Herrn Dr. Helmut Kohl«, oder?

KOHL: Ich muß Ihnen sagen, ich habe mich nicht für die Briefkuverts interessiert.

STRUCK: Sie müssen schon sehen, Herr Zeuge, daß das interessant ist.

KOHL: Aber verehrter Herr Abgeordneter, ich bitte Sie doch wirklich, das ist viele Jahre her, wenn ich die Wahrheit sage – deswegen bin ich ja hier –, kann ich wirklich nicht aus der Erinnerung sagen, was da draufstand.

STRUCK: Ist das denn öfter vorgekommen, diese Barübergaben?

KOHL: Sie kennen doch die Spendenliste. Ich habe doch selbst diese Zahlen angegeben.

STRUCK: Hat Ihnen Herr von Brauchitsch gesagt, wieviel drin ist in diesem Umschlag?

KOHL: Ja, natürlich.

STRUCK: Haben Sie denn nachgezählt?

KOHL: Nein. Können Sie sich vorstellen, wenn Alfred Nau eine Spende entgegengenommen hat, die ja eine Gabe war, er gesagt hätte, jetzt muß ich erst einmal nachzählen, ob der mich nicht beschummelt?

STRUCK: Herr Zeuge, wissen Sie, ich kann Ihnen darüber keine Auskunft geben. Ich teile Ihre Bewertung von Alfred Nau. Ich kann Ihnen darüber keine Auskunft geben.

KOHL: Das ist schade, daß er keine Auskunft mehr geben kann. Ich hätte ihn gern neben mir sitzen.

STRUCK: Wir wollen das Thema nicht vertiefen. Die Beträge, die Sie erhalten haben, diese Barbeträge – insgesamt sind das ja nach Ihrem Schreiben 155 000 DM gewesen . . .

KOHL: Nach 1977.

STRUCK: Ja, ich spreche im Augenblick nur von 1977,

5. Juli, 9. März 1979, 24. April 1980. Hat Ihnen Herr von Brauchitsch gesagt, daß dies Spenden an die CDU aus versteuertem Einkommen sind?

KOHL: Ja, das habe ich aus diesem Grund erwähnt. Das hat auch seinen Grund im besonderen. Ich darf gerade einmal den Brief an die Staatsanwaltschaft nehmen, da steht es ja drin, im zweitletzten Absatz in meinem Schreiben an die Staatsanwaltschaft vom 22. September. Das bezieht sich vor allem auf diese '80er Spende. Wir haben über Spenden noch nicht gesprochen, nur zu Spenden allgemein. Wir hatten ja, nachdem alle meine Versuche und die von Walther Leisler Kiep gescheitert sind, zu einer Regelung im Bundestag zu kommen, dieses Verfahren beim Bundesverfassungsgericht angestrebt mit dem Ergebnis, das Sie ja kennen, von 1979. Wir haben danach vereinbart, daß für die Bundespartei wir nur noch Spenden nach Steuern einnehmen, und darauf bezieht sich das ausdrücklich. (. . .)

SCHILY (Die Grünen): Herr Zeuge, wir haben uns über Spenden unterhalten. Wer war eigentlich der Spender?

KOHL: Bei diesen Barspenden?

SCHILY: Ja.

KOHL: Die Spenden sind von Eberhard von Brauchitsch überbracht worden. Ich bin davon ausgegangen, daß es Spenden des Hauses Flick sind. – Also, ist Ihre Frage, ob es Spenden von ihm privat sind?

SCHILY: Ich will nur wissen, von wem.

KOHL: Ich habe ihn nicht gefragt. Aber ich bin davon ausgegangen, daß es keine Privatspenden sind.

SCHILY: Wieso haben Sie eigentlich nicht gefragt?

KOHL: Weil mir eine solche Frage nicht gekommen ist. Sie wäre Ihnen auch nicht gekommen. Die kommt Ihnen heute.

SCHILY: Das ist die Frage, Herr Zeuge. Sie haben doch eine Verpflichtung aus Artikel 21 des Grundgesetzes in Verbindung mit § 25 des Parteiengesetzes, die Spender namhaft zu machen. Wenn ich mich recht erinnere, sind es Beträge über 20 000 DM gewesen.

KOHL: Herr Abgeordneter, ich habe die Frage vorhin auch schon beantwortet. Ich habe gesagt: Zu den Fehlern, die wir uns vorzuhalten haben, gehört, daß wir, alle demokratischen Parteien, diese rechtliche Festlegung nicht eingehalten haben.

SCHILY: Darf ich dann Ihre Antwort so verstehen, Herr Zeuge, daß Sie bewußt gegen diesen Verfassungsartikel verstoßen haben?

KOHL: Sie wissen so gut wie ich, daß ich nicht derjenige bin als Parteivorsitzender, der den Rechenschaftsbericht aufstellt. Aber wahr ist, daß bewußt – das wollen Sie ja hören – alle demokratischen Parteien, das heißt der Kollege Brandt, der Kollege Scheel und der Kollege Genscher in dem fraglichen Zeitabschnitt, der Kollege Strauß und auch ich und alle unsere Schatzmeister an diesem Punkt einen Verstoß begangen haben. Dies ist wahr.

»Das überlasse ich Ihrer Schlußfolgerung.«

3. Abgeordneter Graf Lambsdorff (FDP)

BAUM (FDP): Welches Verhältnis hatten Sie zu Herrn von Brauchitsch? Sie haben gesagt: Sie haben ihn elfmal getroffen.

LAMBSDORFF: In vier Jahren. Also, ich kann das gern schildern. Ich habe zu Herrn von Brauchitsch ein ausschließlich auf die Sache bezogenes Verhältnis gehabt. Es hat natürlich eine persönliche Beziehung gegeben, die sich im Laufe der Jahre auch weiterentwickelt hat. Es hat keine familiären Beziehungen gegeben. Ich glaube, es hat hier das Wort von Einladungen oder von gegenseitigen Einladungen gegeben. Es hat keine solchen familiären Beziehungen gegeben. Herr von Brauchitsch hat meine Wohnung in Düsseldorf-Grafenberg in seinem Leben nie betreten. Ich glaube, ich bin nach meiner Erinnerung zweimal bei ihm in Mettmann-Metzhausen gewesen im Laufe der Jahre. Aber das fällt unter die elf fest verabredeten Termine in den Jahren 1977 bis 1981, also im Verlaufe von vier Jahren. Unsere Beziehungen waren durchaus vertrauensvoll. Unsere Beziehungen waren ordentlich, aber sie gingen nicht in den Bereich des Persönlichen hinein, tun sich auch heute nicht. (. . .)

SCHILY (Die Grünen): Sie haben gesagt, in den Rechenschaftsberichten sei der Name Flick nicht aufgeführt worden, und haben auf die Frage des Kollegen Struck gesagt, das sei zugestandenerweise ein Gesetzesbruch gewesen. War es nicht eigentlich mehr, Herr Minister?

LAMBSDORFF: Was denn?

SCHILY: Daß in den Rechenschaftsberichten der Name des Spenders nicht erschien.

LAMBSDORFF: War ein Verstoß gegen die Vorschrift des Parteiengesetzes, die Spender namhaft zu machen.

SCHILY: War es vielleicht noch ein Verstoß?

LAMBSDORFF: Welcher?

SCHILY: Sie sagten, Sie haben die Richtlinien für die Abgeordneten relativ spät kennengelernt.

LAMBSDORFF: Ein paar Wochen, nachdem ich mein Mandat übernommen hatte.

SCHILY: Ja, wann haben Sie denn das Grundgesetz kennengelernt?

LAMBSDORFF: Im Jahre des Heils – Augenblick! – 1947, erstes Semester, Bonn. – Nein, nein, das stimmt nicht! Das ist etwas zu früh. Jedenfalls an der Universität, 1949.

SCHILY: Dann werden Sie vielleicht auch irgendwann einmal auf den Artikel 21 gestoßen sein.

LAMBSDORFF: Das sind keine Fragen an Zeugen, Herr Vorsitzender!

LANGNER: Das war eine Frage nach Ihrer Rechtskenntnis.

SCHILY: Nein, nein, das ist eine innere Tatsache, Frage nach der Kenntnis des Artikels 21. – Ist Ihnen bekannt, daß der Artikel 21 den Parteien zur Pflicht macht, über ihre Einnahmen öffentlich Rechenschaft abzulegen, und daß das Parteiengesetz nur eine Konkretisierung dieser Pflicht ist?

LAMBSDORFF: Herr Abgeordneter, Sie wissen . . . Ich habe ja vorhin schon gesagt, daß dies ein kritikwürdiges Verfahren war. Das wird von mir überhaupt nicht bestritten, und es ist völlig richtig, wenn auch viel zu spät, daß nunmehr ein Parteienfinanzierungsgesetz verabschiedet worden ist, das in puncto Transparenz schärfere Vorschriften mit sich bringt.

SCHILY: War dazu überhaupt ein solches Parteienfinanzierungsgesetz notwendig, um die Verfassung zu achten?

LAMBSDORFF: Herr Vorsitzender, ich sehe nicht ein, warum ich hier Rechtsfragen diskutieren soll. – Aber offensichtlich war das ja wohl die Absicht oder die Ansicht derjenigen, die das Parteiengesetz verabschiedet haben, daß es notwendig sei und daß dort eine Bestimmung aufzunehmen sei.

SCHILY: Aber war das nicht doch mehr als ein Gesetzbruch, sondern war es nicht ein fortgesetzter Verfassungsbruch, Herr Minister, daß die ... (Lambsdorff: Das ist eine Rechtsfrage ...)

Sie waren ja als Schatzmeister, so nehme ich an, auch für die Frage der Offenlegung dieser Einkünfte verantwortlich.

LAMBSDORFF: Ich halte das nicht für einen Verfassungsbruch.

SCHILY: Sie halten es nicht für einen Verfassungsbruch?

LAMBSDORFF: Nein! (...)

SCHILY: Gehen wir mal wieder auf den Namen Flick, die Spenden, die von Flick an den Landesverband Nordrhein-Westfalen gegangen sind – sind die als Beträge in den Rechenschaftsberichten oder in den Rückmeldungen zu den Rechenschaftsberichten eingegangen?

LAMBSDORFF: Sie befinden sich im Parteispendenverfahren, Herr Abgeordneter.

SCHILY: Und Sie verweigern die Aussage?

LAMBSDORFF: Ich habe gesagt, ich kann nicht aussagen, ich bin über den Stand dieses Verfahrens nicht unterrichtet, was ich übrigens nicht vorwurfsvoll meine an die Adresse der Ermittlungsbehörden. Man hört ja, daß es über tausend Beschuldigte und über tausend Verfahren gibt, das wird eine sehr umfangreiche Veranstaltung sein. Aber solange ich keine Akteneinsicht habe und Näheres nicht weiß – das ist die mindeste Voraussetzung –, auch dann müßte ich erst überlegen, ob ich dazu Auskunft geben könnte, aber das kann ich so nicht. (...)

SCHILY: Ja, ja, sicherlich, aber Sie werden jetzt vielleicht uns sagen können, wie weit Sie Ihre Erinnerung trägt, was an Zahlungen – nehmen Sie beide Adressaten – Sie persönlich, meinethalben als Treuhänder für die FDP oder als Politiker Graf Lambsdorff und bzw. den Landesverband – Sie können das dann jeweils kennzeichnen, wo Sie meinen, das ist direkt an den Landesverband, das ist über Sie gegangen oder es blieb zu Ihrer privaten bzw. politischen Verwendung.

Wenn Sie uns liebenswürdigerweise noch einmal diese Spenden mitteilen wollen (...) also die Spenden, die aus dem Hause Flick an die FDP in Nordrhein-Westfalen bzw. an Sie, oder sage ich besser oder an Sie gegangen sind. (. . .) Sind die da erkennbar aus diesen Aufzeichnungen oder nicht?

LAMBSDORFF: Sie sind im Parteispendenverfahren, Herr Abgeordneter.

SCHILY: Das ist schwierig.

LAMBSDORFF: Ja. (. . .)

SCHILY: Sie wollen die Aussage verweigern?

LAMBSDORFF: Ich hatte vorhin zu Beginn eine Erklärung abgegeben, um den jedesmaligen Disput zu vermeiden.

SCHILY: Ja. – Dann haben Sie auch in der gleichen Vernehmung, Herr Zeuge, gesagt – auf Frage des Kollegen Dr. Struck –: Alle möglichen Wege wurden gesucht, um die Spenden anonym zu halten. (. . .) Welche möglichen Wege waren denn das?

LAMBSDORFF: Sie sind im Parteispendenverfahren.

SCHILY: Sie wollen die Aussage verweigern.

– Na ja, wir müssen das leider ritualisieren, tut mir furchtbar leid, aber . . .

LAMBSDORFF: So leid tut es Ihnen, glaube ich nicht, Herr Abgeordneter.

SCHILY: Doch. – Vielleicht haben Sie da recht.

LAMBSDORFF: Sehen Sie, wir kommen uns näher.

SCHILY: Wir haben ja manches gemeinsam, mindestens den Vornamen, Herr Zeuge.

LAMBSDORFF: Wenn es sich darauf beschränkt.

SCHILY: Nun kommen wir noch einmal zu der Frage Internationaler Wirtschafts-Club e. V. Kennen Sie diesen Verein?

LAMBSDORFF: Sie befinden sich im Parteispendenverfahren.

SCHILY: Dann, vermute ich, werden Sie auch die Aussage auf die Frage verweigern, ob Sie mit diesem Verein irgendwie verbunden waren.

LAMBSDORFF: Sie vermuten richtig, Herr Abgeordneter.

SCHILY: Dann frage ich Sie: Kennen Sie eine Internationale Wirtschaftspolitische Vereinigung e. V.?

LAMBSDORFF: Ich nehme an, daß Sie hier dieselbe Vermutung haben. Ich möchte Ihnen die auch bestätigen.

SCHILY: Dann die Vereinigung für Europäische Wirtschaftspolitik e. V.?

LAMBSDORFF: Dito.

SCHILY: Ein Club für Europäische Wirtschaftspolitik e. V.?

LAMBSDORFF: Dito.

SCHILY: Eine Gesellschaft zur Förderung der freien

Marktwirtschaft in Europa e. V.?

LAMBSDORFF: Dito.

SCHILY: Eine Gesellschaft für Europäische Wirtschaftspolitik e. V.?

LAMBSDORFF: Wieder das gleiche.

SCHILY: Eine Wirtschaftspolitische Vereinigung e. V.?

LAMBSDORFF: Auch das gleiche.

SCHILY: Ein Seminar für sozial- und staatspolitische Bildungsarbeit der christlichen Arbeitnehmerschaft in NRW?

LAMBSDORFF: Unbekannt.

SCHILY: Wie bitte?

LAMBSDORFF: Unbekannt.

SCHILY: Da wollen Sie nicht die Aussage verweigern?

LAMBSDORFF: Ich sagte: unbekannt.

SCHILY: Die deutsche Gruppe der Liberalen Internationale und der Liberalen Bewegung für ein vereinigtes Europa e. V.?

LAMBSDORFF: Bekannt.

SCHILY: Haben Sie mit dieser deutschen Gruppe irgendwie eine Verbindung gehabt?

LAMBSDORFF: Ich glaube, ich bin heute noch Mitglied der deutschen Gruppe; das ist ein Bestandteil der Liberalen Internationale.

SCHILY: Diese Vereinigung . . . Haben Sie da irgendwelche Tätigkeiten ausgeübt, außer der Mitgliedschaft?

LAMBSDORFF: Ich war ein paar Jahre im Vorstand, aber nicht sehr lange.

SCHILY: Haben Sie Spenden für diesen Verein beschafft?

LAMBSDORFF: Da sind wir im Parteispendenverfahren.

SCHILY: Die Staatsbürgerliche Vereinigung von 1954 e. V., kennen Sie die?

LAMBSDORFF: Sie befinden sich im Parteispendenverfahren, Herr Abgeordneter.

SCHILY: Gemeinschaft zur Erschließung unterentwickelter Märkte e. V.?

LAMBSDORFF: Sie befinden sich auch im Parteispendenverfahren.

SCHILY: Also, sind das alles Vereinigungen . . . Kann man wenigstens so viel sagen, daß diese Vereinigungen etwas mit Parteispenden zu tun haben?

LAMBSDORFF: Das überlasse ich Ihrer Schlußfolgerung.

»Ich habe kein Problem.«

4. Abgeordneter Hans Apel (SPD)

LANGNER: Ich glaube, im Februar 1976 sind die Anträge offiziell gestellt worden und mit einer Stellungnahme des Wirtschaftsministers auch dem Finanzministerium zugeleitet worden.
Juni 1976 berichten Sie von einem Gespräch mit Herrn Dr. Friedrich Karl Flick. Uns würde schon etwas Näheres über dieses Gespräch interessieren.

APEL: Sehr gern, Herr Vorsitzender. – Sie wissen von einem anderen Gesprächskreis – der heißt »Wirtschaft und Politik« – bei der Friedrich-Ebert-Stiftung. Alfred Nau und Günther Grunewald haben mich davon unterrichtet, daß Äußerungen, die Sie hier bereits eingeführt haben – Äußerungen von mir –, na sagen wir es einmal vorsichtig, einiges an Verwirrung erzeugt haben, so ein bißchen nach der Melodie: Der Bundesminister der Finanzen ist ja wohl nicht gerade übermäßig kooperativ. Und ob man denn nicht mal mit den Herren von Flick zusammentreffen könne.
Ich habe gesagt: Unter zwei Bedingungen. Bedingung Nummer eins: daß das zu einem Zeitpunkt passiert, bei dem die Arbeiten zum Thema 6b sehr weit gediehen sind. Unter der Bedingung b): daß über 6b nicht geredet wird. Und schließlich c): daß wir darüber uns gegenseitig kennenlernen und über Wirtschaftspolitik generell reden.
So hat das Gespräch stattgefunden. An diesem Gespräch haben mehrere Männer teilgenommen, von der Firma Flick Herr Paefgen und Herr Flick selbst. Ich meine aber, ein dritter Herr der Firma Flick. Da bin ich aber unsicher. Von der Friedrich-Ebert-Stiftung Herr Dr. Grunewald und Herr Nau – und ich.
Ich meine, es wären sogar noch mehr Herren am Tisch gewesen. Es war ein offenes

Gespräch, eher über Wirtschaftspolitik als über Inhalte. Dieses Gespräch hat sich dann einige Monate später im politischen Klub fortgesetzt.

LANGNER: Herr Zeuge, wir würden gern über dieses Gespräch noch etwas mehr hören. Nur muß ich Ihnen jetzt wirklich einmal einen Vorhalt machen.

Als Begründung für ein solches Zusammentreffen haben Sie auch Äußerungen, die ich schon eingeführt habe, genannt. Diese Äußerung ist im Januar 1975 von dem Briefschreiber erwähnt worden. Hier handelt es sich um ein Gespräch aus dem Juni 1976. Es ist recht unwahrscheinlich, daß eine – wenn auch muntere – Äußerung eines Ministers von eineinhalb Jahren vorher zu einem solchen Gespräch führt. Darf ich Ihnen den Vorhalt machen?

APEL: Den Vorhalt können Sie mir gerne machen. Mir war bis zu diesem Zeitpunkt, als ich von seiten der Ebert-Stiftung angesprochen wurde, nichts davon bekannt, daß diese kursierte. Insofern ist es kein Vorhalt, sondern war einer der Gründe mehr, weswegen ich gesagt habe: Warum soll ich eigentlich die Herren der Firma Flick nicht kennenlernen? Sie sind nicht stigmatisiert. Dieses Gespräch kann geführt werden, aber unter den Bedingungen, die ich Ihnen geschildert habe.

BOHL (CDU/CSU): Sie haben vorhin gesagt, daß Sie gebeten worden seien, später mit Herrn Flick zusammenzutreffen. Von wem kam denn diese Bitte? (. . .)

APEL: Das kann ich Ihnen genau beantworten. Alfred Nau war der Spiritus rector dieses Kreises, und Alfred Nau ist an mich herangetreten und hat gesagt: Du mußt mit den Flick-Leuten reden, die haben Anspruch darauf, dich kennenzulernen. Und ich sage Ihnen ganz offen: Eine gewisse Neugierde bestand bei mir auch.

BOHL: Hat Herr Nau, der damals ja wohl Schatzmeister der SPD war, dieses Notwendigwerden des Näherkennenlernens irgendwie begründet?

APEL: Nein, aber das müssen Sie verstehen. Dieser Gesprächskreis Wirtschaft und Politik, der damals eine große Rolle spielte und auch heute eine große Rolle spielt, hat Anspruch darauf, daß die, die dort an dem Gesprächskreis teilnehmen, insbesondere von den Sozialdemokraten, die Regierungsverantwortung tragen, auch –

na ja, sagen wir einmal – fair behandelt werden. Und Alfred Nau meinte, es sei zweckmäßig, mit den Herren von Flick in ein Gespräch einzutreten, um – na, sagen wir einmal – Mißverständnisse wechselseitiger Art auszuräumen. Das war der einzige Anlaß, und ich sage erneut – ich habe es ja auch schon zu Protokoll gegeben –: Damit waren zu keinem Zeitpunkt irgendwelche direkte oder indirekte Andeutungen welcher Art auch immer verbunden, daß es um Geld ginge. Ganz im Gegenteil!

BOHL: Wann ist denn diese Bitte des Schatzmeisters Nau, mit Herrn Flick zusammenzutreffen, an Sie herangetragen worden?

APEL: Das muß sehr kurzfristig gewesen sein. Ich denke, es ist wenige Tage oder zwei, drei Wochen vorher gewesen. Wir hatten dann Terminprobleme, und dann habe ich gesagt: Laßt uns das am Rande des SPD-Parteitags machen.

BOHL: Also diese Bitte von Herrn Nau an Sie war dann schon im Juni 1976?

APEL: So muß es gewesen sein. Es war eine sehr kurzfristige Verabredung. Was weiß ich! Es kann auch im Mai gewesen sein. Bitte, legen Sie mich nicht fest. Ich weiß nur, daß es um den 19./20. herum war, weil damals der Zeitpunkt unseres Parteitages in Dortmund war. Es war ursprünglich geplant, dies in einem Restaurant zu machen. Dann wurde kurzfristig gesagt: Laßt uns doch dorthin fahren, dort gibt es besseres Essen. Da habe ich gesagt: Ich habe kein Problem.

BOHL: Also noch einmal, damit ich das genau verstehe: Ende Juni 1976 hat am Rande des in Dortmund stattfindenden Parteitages der SPD ein Gespräch mit Herrn Dr. Flick in dessen Jagdhütte Scharfenberg im Sauerland stattgefunden?

APEL: Ich war nicht in der Lage, den Namen dieses Hauses festzustellen. Es ist, wie gesagt, 50 bis 60 km entfernt gewesen und in dem größeren Kreis, von dem ich gesprochen habe. Ich unterstreiche: Über § 6 b ist nicht geredet worden. (. . .)

BOHL: Sind Sie gemeinsam mit Herrn Dr. Flick von Dortmund ins Sauerland gefahren? Wie ist das denn abgelaufen?

APEL: Ich bin dort mit meinem Dienstwagen hingefahren. Wir sind dort angekommen. Die Herren der Firma Flick waren nicht anwesend. Wir haben einen längeren

Waldspaziergang gemacht. Es war ein schöner Tag. Und die Herren von Flick kamen mit einiger Verspätung mit einem Hubschrauber. Dann gab es etwas zu essen, ein Gespräch von 90 bis 120 Minuten, und dann haben wir gesagt: Das war sehr anregend und interessant, laßt uns das bei Gelegenheit wiederholen. Die Gelegenheit war in Bonn. (. . .)

LANGNER: Eine Frage liegt mir einfach auf der Zunge. Ich muß Sie fragen, Herr Dr. Apel: Wenn ein Gesprächspartner mit einer Stunde Verspätung kommt, dann empfinde ich das gegenüber einem der wichtigsten Minister unseres Kabinetts, der schon nach dem Grundgesetz mit besonderen Rechten und Pflichten ausgestattet ist, auch herausgehoben gegenüber seinen anderen Kabinettskollegen, als eine ziemliche Ungebührlichkeit. Hat das eigentlich bei diesem Gespräch Ihrerseits keine Rolle gespielt, daß Sie Vorhaltungen gemacht haben? Oder warum war so etwas hinzunehmen?

APEL: Ich war vergleichsweise sauer; das muß ich zugeben. Und das hat sicherlich in der ersten Zeit die ganzen Probleme, die wir sowieso miteinander hatten, belastet; denn gut fand ich das nicht. Auf der anderen Seite gab es eine Erklärung, warum man zu spät gekommen sei, die man dann wohl auch akzeptieren muß. Man selbst ist ja auch nicht immer in jedem Fall pünktlich.

LANGNER: Das ist alles, was Sie in der Erinnerung über diesen Punkt Verspätung, Ungebührlichkeit . . .

APEL: Wir sind dort angekommen. Uns wurde gesagt, der Hubschrauber, mit dem die Herren eingeflogen werden würden, käme später. Daraufhin haben wir einen Waldspaziergang gemacht, und dann sind wir zurückgekommen. Da waren die Herren immer noch nicht da. Und dann sind wir sehr verspätet – und deswegen war das auch ein sehr hektisches Gespräch – an den Essenstisch gegangen, und dann hat man geredet. (. . .)

SAUTER (CDU/CSU): Herr Apel, ich darf an das anknüpfen, wo wir das letzte Mal aufgehört haben. Ich habe Sie gefragt, ob Sie das Gespräch mit Herrn Flick damals in Ihrer Eigenschaft als Finanzminister geführt haben. Sie haben das beim letztenmal bejaht. Können Sie mir bitte sagen, was die Gründe dafür waren, daß Sie, obwohl Sie dieses Gespräch als Finanzminister geführt haben, es ohne Begleitung unternommen haben?

APEL: Herr Kollege, es hat für eine Begleitung keinen Anlaß gegeben, da es nicht um Gespräche ging, die mit der Arbeit des Bundesministers der Finanzen im Zusammenhang standen.

SAUTER: Es war also dieses Gespräch, das Sie als Bundesfinanzminister geführt haben, auch nicht so gedacht, daß es irgendeiner Vorbereitung im Ministerium bedurft hätte?

APEL: Nein.

SAUTER: Darf ich Ihnen dann vielleicht einen Vermerk aus Ihrem Haus vom 16. Juni 1976 vorhalten; also ein Vermerk, der wenige Tage vor Ihrem Gespräch mit Herrn Flick gefertigt worden ist, der sich explizit beschäftigt mit den Anträgen der Firma Flick hinsichtlich 6 b . . .?

APEL: Herr Kollege, dieser Vermerk ist, wie ich ihm entnehmen kann, abgezeichnet von einem Herrn meines Ministerbüros mit dem Vermerk: Herrn Bundesminister vorlegen 22. 6. So entziffere ich das. Das sind die üblichen Vermerke, die einem Bundesminister über den Fortgang der Arbeiten vorgelegt werden. Ich sage erneut, das hat mit meinem Gespräch mit Herrn Flick und Herrn Paefgen keinen Bezug. Dieser Vermerk mag mir vor dem 18. vorgelegen haben, nach dem 18. vorgelegen haben; ich kann das heute nicht mehr beurteilen. In jedem Fall hatte es mit meinem Gespräch in der Jagdhütte nichts zu tun.

SAUTER: Wenn ich Sie richtig verstehe, dann war das reine Zufälligkeit, daß gerade in dem Zeitpunkt, wo Sie sich mit Herrn Flick getroffen haben, oder beabsichtigten, sich mit Herrn Flick zu treffen – wenn ich es richtig im Kopf habe, wurde das Gespräch kurzfristig vereinbart –, genau zu diesem Zeitpunkt in Ihrem Haus dieser Vermerk angefertigt worden ist.

APEL: Es ist sicherlich ein Zufall, aber auch kein außergewöhnlicher, weil einem Bundesminister täglich viele Vermerke über die wichtigen Arbeiten in seinem Haus vorgelegt werden.

»Ich habe an Herrn Diehl keinerlei Erinnerung.«

5. Ex-Minister Hans Friderichs (FDP)

LANGNER: Herr Dr. Friderichs, eine besonders wichtige Frage spielt bei unseren Untersuchungen natürlich der Vorwurf, Sie hätten während Ihrer Amtszeit im Zusammenhang mit den hier zu treffenden Entscheidungen Zuwendungen von der Firma Flick entgegengenommen. Aus den Akten der Staatsanwaltschaft ergibt sich, daß nach Listen des Buchhalters Diehl dieser Firma in der Zeit vom 22. 5. 1974 bis 31. 5. 1977 insgesamt Beträge in einer Höhe von 590 000 DM an Herrn Kaletsch oder an Herrn von Brauchitsch mit einem Bemerken »wg. Friderichs« oder wegen Friderichs, wie das in den dortigen Listen heißt, ausgezahlt worden sein sollen.

Wir müssen also prüfen, ob und wieweit Ihnen gegebenenfalls diese Beträge zugeflossen sind und ob gegebenenfalls ein Zusammenhang mit den Entscheidungen bei den Flick-Anträgen bestanden hat.

Es handelt sich im einzelnen um folgende Beträge:

An Herrn Kaletsch »wg. Friderichs«:

22. 5. 1974: 75 000 DM
4. 2. 1975: 50 000 DM
15. 12. 1975: 200 000 DM
1. 4. 1976: 75 000 DM

An Herrn von Brauchitsch »wg. Friderichs«:

8. 6. 1976: 70 000 DM
17. 9. bzw.
17. 10. 1976: 60 000 DM
10. 5. 1977: 70 000 DM
31. 5. 1977: 40 000 DM

Nun hat die Staatsanwaltschaft nach einigen zusätzlichen Indizien zu diesen Eintragungen geforscht, und sie meint, in Form von Gesprächsnotizen, Tageskopien sowie Terminkalender-Eintragungen würden sich korrespondierende Daten ergeben.

Darf ich Sie zunächst allgemein fragen: Was sagen Sie zu dem Vorwurf, daß diese Zuwendungen an Sie erfolgt sein sollen?

FRIDERICHS: Herr Vorsitzender, ich möchte auch dieses Thema ohne Emotion behandeln, obwohl man nach den letzten Jahren vielleicht geneigt wäre, es zu tun. Ich habe in meiner Eingangserklärung bewußt auf meine Stellungnahme gegenüber der Staatsanwaltschaft Bezug genommen – die Stellungnahme gegenüber der Strafkammer des Landesgerichts Bonn ist noch nicht fertiggestellt – und habe hier als Zeuge erklärt, was im Schlußsatz meiner Bemerkung steht: daß ich kein Geld angefordert, kein Geld genommen habe und mir auch keines angeboten worden ist. Ich habe dem nichts hinzuzufügen. Ich kenne die Darstellungen der Anklageschrift einschließlich der darin enthaltenen Wertungen.

LANGNER: Wie erklären Sie sich diese Eintragungen des Buchhalters Diehl der Firma Flick?

FRIDERICHS: Herr Vorsitzender, ich glaube, daß ich der ungeeignete Zeuge bin, um etwas zu bekunden, was eine Person angeht, der ich, wenn ich mich recht entsinne, in meinem Leben noch nicht begegnet bin. Ich kann mich an Herrn Diehl nicht erinnern. Ich glaube auch nicht, daß ich ihn je gesehen habe; jedenfalls weiß ich es nicht.

Insofern glaube ich, diese Frage, wie derartige Aufzeichnungen entstehen, müßten Sie an diejenigen richten, in deren Interesse oder Machtbereich derartige Aufzeichnungen gefertigt worden sind. Natürlich kenne ich das, was dazu in der Einlassung des Herrn von Brauchitsch gegenüber der Staatsanwaltschaft steht. Das ist zum Teil in der Anklageschrift wiedergegeben, auch das, was ich dazu gesagt habe. Aber ich sehe mich außerstande, mehr als das zu sagen, was dort steht. Denn ich habe Herrn Diehl weder Weisungen gegeben noch sonst etwas. Ich hatte mit Herrn Diehl nichts zu tun.

LANGNER: Sie sagen, Sie kennen Herrn Diehl nicht, hatten keine Kenntnis davon.

FRIDERICHS: Ich kann nicht ausschließen, daß ich Herrn Diehl irgendwo begegnet sein könnte. Aber ich habe an Herrn Diehl keinerlei Erinnerung.

LANGNER: Keine bewußte Erinnerung?

FRIDERICHS: Nein. Ich kann

mich auch nicht erinnern, ihm jemals unmittelbar in Vorstellung, Gesprächen usw. begegnet zu sein.

LANGNER: Sie kannten diese Eintragungen nicht?

FRIDERICHS: Nein. (. . .)

LANGNER: Ihr Mitarbeiter hat verschiedene Unterlagen von Ihnen zu Herrn von Brauchitsch oder umgekehrt gebracht. Einmal war auch von Koffern für Fotos die Rede.

FRIDERICHS: Musterkoffer.

LANGNER: Musterkoffer. Wissen Sie, ob bei solchen Gelegenheiten vielleicht Spenden an Ihre Partei gegeben worden sein könnten?

FRIDERICHS: Nein, weiß ich nicht und kann ich mir bei dem Verkehr, den Sie schildern, auch nicht vorstellen.

Richtig ist, daß ich häufiger von Herrn von Brauchitsch Unterlagen, auch vertrauliche Unterlagen, bekommen habe. Ich will ein paar Beispiele nennen. Ich habe mich natürlich im Zusammenhang mit Gesetzgebungsvorhaben auf allen möglichen Kanälen unterrichten lassen: Wie sind die Vorstellungen der Wirtschaftsverbände, BDI, BDA? Wie sind die Vorstellungen der Gewerkschaften? Es hat in meinem Hause – um nur ein Beispiel zu sagen – auch Gespräche gegeben – ich entsinne mich an eines sehr gut –, wo sich eine Runde aus drei Gewerkschaftern und drei Unternehmern einmal außerhalb aller konzertierten Aktionen und dieses ganzen offiziellen Teils einfach hingehockt hat mit der Idee: Kommen wir bei dem Komplex der Vermögensbildung, der ja sehr schwierig war, nicht doch einen Schritt weiter? Ich glaubte nämlich immer, wir brauchten das als einen Bestandteil der Tarifpolitik. Ich bin heute noch der Meinung und hoffe, daß die Bundesregierung oder die Koalition auch dazu einen Beitrag leisten kann.

Solche Gespräche haben stattgefunden. In diesem Zusammenhang hat es auch immer wieder Papieraustausch gegeben. (. . .) Ich glaube mich zu entsinnen, daß ich von dem Hause Flick einmal vertrauliche Ausarbeitungen über die spezielle Situation der Kommanditgesellschaft auf Aktien bekommen habe im Zusammenhang mit der Mitbestimmung. Da gab es ein spezielles Problem, nämlich die Frage: Was ist eigentlich mit dem persönlich Haftenden?

LANGNER: Dieses Problem würde hier nicht so interessieren.

FRIDERICHS: Sie haben gefragt: Hast du Umschläge mit

Material bekommen? Dazu sage ich ja. Ich entsinne mich an diesen Fall. Ich entsinne mich, daß ich mit einigen – darunter war Herr von Brauchitsch, aber auch andere, nicht zum Flick-Konzern Gehörende – das Steuerpaket nach der Bundestagswahl 1976 besprochen habe: Wo muß man da ansetzen, um die Investitionen anzureizen? Bei solchen Fällen habe ich häufig gesagt: Wenn ihr irgend etwas Vertrauliches habt, bitte laßt es mir zukommen. Ihr könnt euch darauf verlassen, daß das in meinen Händen bleibt. Mich interessierte einfach: Wie sind die Berechnungen Dritter? Sie hatten ja nach Briefen gefragt, die hin und her gegangen sein könnten. (. . .)
LANGNER: Ich darf noch ein paar andere Punkte anschneiden, die in dieser Diskussion eine Rolle spielen. Denn auch hier muß geprüft werden, ob auf die Art und Weise versucht worden sein könnte, Einfluß auf Ihre Entscheidungen zu nehmen. Da gibt es im August 1976 eine Reise nach Nizza. Können Sie dazu bitte etwas sagen?
FRIDERICHS: Dazu kann ich etwas sagen, Herr Vorsitzender. Meine Frau und ich sind fast regelmäßig entweder Ostern oder Pfingsten in Saint-Paul-de-Vence oder in Antibes, in dieser Kante, gewesen, auch heute noch. Dort trafen sich Pfingsten oder Ostern – nicht im Sommer – immer eine ganze Reihe von Bekannten und Freunden, teilweise weil sie dort unten einen zweiten Wohnsitz haben, teilweise weil sie dort im Frühjahr gern sind.
Zu diesen gehörte der damalige persönlich haftende Gesellschafter von Flick, Herr Dr. Vogels. Mein Kontakt mit Herrn Dr. Vogels war aber nicht ein Kontakt Flick/Vogels/BMWi, sondern Dr. Vogels hatte sich dankenswerterweise bereit erklärt, in den Aufsichtsrat der DIAG einzutreten, eines schrecklichen Sorgenkindes – ich hätte beinahe gesagt: aller Bundesregierungen –, jedenfalls der damaligen Bundesregierung; einige der Herren werden sich daran sehr gut erinnern. (. . .) Vogels war auch immer im Frühjahr da unten. Ich entsinne mich, daß im Sommer 1976 – ich konnte nicht verreisen, weil wir Bundestagswahlkampf hatten – Herr Vogels oder sein Sekretariat bei mir anrief und sagte: Ich fliege da hinunter – heute weiß ich: weil seine Frau Geburtstag hatte und den wohl da unten feierte –; wollt ihr mitfliegen, oder will jemand mitfliegen? – Das war etwas, was wir auch üblicherweise

in der Gruppe, die sich regelmäßig da unten traf, Ostern oder Pfingsten gemacht haben. Ich bin mit einem anderen Unternehmen zum Beispiel mal Ostern hinuntergeflogen, weil die sowieso flogen. Herr Vogels bot damals an mitzufliegen. Ich habe gesagt: Ich kann nicht. Aber ich habe gesagt: Meine ältere Tochter ist sowieso unten – die war da Au-pair-Mädchen –; wenn Sie sowieso fliegen und sowieso Platz haben, wäre es vielleicht ganz lustig, wenn Sie meine Schwiegermutter und meine jüngere Tochter mit herauf- und herunternähmen, wenn es sich nur um wenige Tage handelt. Daraufhin hat das so stattgefunden, das heißt, meine Schwiegermutter und meine jüngere Tochter sind mit dieser Maschine mit Herrn Vogels bis Nizza geflogen und wieder zurück. (. . .)

LANGNER: Ich darf einen anderen Flug ansprechen. Es ist ein Flug im April 1977 mit einer Chartermaschine nach Schierensee. Können Sie uns dazu etwas schildern?

FRIDERICHS: April 1977 bin ich mit einer Maschine, wenn ich mich recht entsinne, von Frankfurt nach Hamburg geflogen, um anschließend einen Besuch in Schierensee zu machen; das ist in Schleswig-Holstein.

LANGNER: War das eine Chartermaschine des Herrn von Brauchitsch, der Sie damals mitgenommen hat?

FRIDERICHS: Ich bin ziemlich sicher, daß es keine Chartermaschine des Herrn von Brauchitsch war.

LANGNER: Wissen Sie zufällig, wer damals den Flug bezahlt hat?

FRIDERICHS: Ich weiß nicht, wer ihn bezahlt hat. Ich weiß nur, wem die Maschine zuzuordnen ist.

LANGNER: Wollen Sie darüber etwas sagen?

FRIDERICHS: Sie ist jedenfalls weder Herrn von Brauchitsch noch dem Flick-Konzern zuzuordnen. Das können Sie am Kennzeichen sehen.

LANGNER: Daran können Sie sich mit Präzision erinnern?

FRIDERICHS: Ja. Wenn Sie fragen, wem sie gehört, Herr Vorsitzender . . . Wenn Sie mich am Freitag von Turin kommen gesehen hätten oder so etwas, dann würden Sie auch sagen: Die Maschine gehört der Dresdner Bank, weil da »Dreba« draufsteht. Aber die gehört ihr nicht. Die gehört einer Leasinggesellschaft, von der sie eine Chartergesellschaft geleast hat. Mit der wiederum fliegen wir. Deswegen kann ich

Ihnen auf die Frage, wem die Maschine gehört, keine Antwort geben. Aber ich wage die klare Behauptung: Diese Maschine hat mit dem Flick-Konzern oder Herrn von Brauchitsch privat etc. nichts zu tun.

LANGNER: Sie verstehen, Herr Zeuge, daß die Mitglieder des Untersuchungsausschusses solche fliegerischen Einzelheiten nicht kennen können. Aber die Frage, ob es eine Maschine des Flick-Konzerns war, gehört mit zum Untersuchungsauftrag. Das haben Sie, wenn ich das wiederholen darf, verneint. Es war keine Maschine des Flick-Konzerns.

FRIDERICHS: Es wird in der Anklageschrift so dargestellt. Ich sage: nein. Das läßt sich auch nachweisen.

LANGNER: Ich hatte den Zeugen gefragt, Herr Kollege Dr. Struck, ob der Flug von der Firma Flick bezahlt worden ist. Er hat gesagt: nein.

FRIDERICHS: Vorsicht! Da die Maschine demjenigen zuzuordnen ist oder gehört, den ich besucht habe und der mich um einen dienstlichen Besuch oder ein Treffen gebeten hat, unterstelle ich es als selbstverständlich, daß auch er die Maschine bezahlt hat. Oder sie gehört ihm; das weiß ich nicht. Der Besuch kam auf Anregung dessen zustande, den ich besucht habe: ein bekannter deutscher Unternehmer, der einige Fragen sein Unternehmen betreffend u. a. mit mir besprechen wollte und vorgeschlagen hatte, das nicht im Ministerium zu machen. Er hatte gesagt: Kommen Sie doch bitte einmal zu mir nach Schleswig-Holstein; Sie können in Frankfurt einsteigen, bis Hamburg fliegen; von da ab geht es entweder mit dem Wagen oder – um es ganz perfekt zu machen – bei gutem Wetter mit dem Hubschrauber zu mir; ich organisiere das alles.– Das habe ich dann gemacht. (. . .)
Ich sage ganz offen: Ich wußte nicht, wer diese Maschine präzise bestellt hat. Es war eine Maschine der Air Traffic, mit der wir hinterher als Dresdner Bank häufig geflogen sind. Ich weiß jetzt, daß die Maschine, daß der Flug vom Hause Flick bezahlt worden ist. (. . .)
Mein Aufsichtsratsvorsitzender hat mir noch neulich gesagt: Herr Friderichs, wenn in diesem Flug eine Begünstigung für Sie gesehen wird, dann sagen Sie den Herren, die Ihnen das verkünden, freundliche Grüße. Wenn einer, dann war es die Dresdner Bank. Denn wenn Sie mich – Haeusgen – gefragt

hätten, dann hätte ich vielleicht eine andere Organisationsform getroffen, wo Sie so . . . Offensichtlich über Düsseldorf; die Maschine kam ja aus Düsseldorf. Mehr habe ich dazu nicht zu sagen. Ich weiß jetzt aus den Akten und aus der Anklage und all dem Kram, daß die Maschine bei Flick abgerechnet worden ist. Es war der Flug hin. Dann eine ganze Nacht Diskussion. Am nächsten Morgen zurück. Bezugnehmend auf eine Darstellung in einem Magazin sage ich: Eine Lustreise war es nicht. (. . .)

LANGNER: An dieser Stelle möchte Herr Penner eine Zusatzfrage stellen

PENNER: Herr Dr. Friderichs, ich weiß nicht, ob ich es recht in Erinnerung habe. Haben Sie vorhin nicht geäußert, daß Herr von Brauchitsch in einer bestimmten Beziehung zur Dresdner Bank gestanden habe?

FRIDERICHS: Herr von Brauchitsch war damals stellvertretender Vorsitzender des Verwaltungsbeirats. Dazu ist zu bemerken: Wir haben den Aufsichtsrat als aktienrechtliches Gremium, und wir haben einen sogenannten Verwaltungsbeirat – maximale Kopfzahl: 36 Personen –, in dem Vertreter ausschließlich der Wirtschaft sitzen. Der stellvertretende Vorsitzende war damals Herr von Brauchitsch. Vorsitzender ist immer kraft Amtes der Aufsichtsratsvorsitzende, also damals Herr Dr. Richter.

PENNER: Eine Frage: War zum damaligen Zeitpunkt, als sich die Entscheidung anbahnte, daß Sie von der Politik zur Bank überwechseln würden, Herr v. Brauchitsch in dieser Funktion tätig?

FRIDERICHS: Ja. Ich glaube, er war schon stellvertretender Vorsitzender. Er war mit Sicherheit Mitglied des Beirats. Ich darf es einmal so sagen: Der Flick-Konzern hat traditionell in den drei Großbanken je einen Repräsentanten. Herr Flick selbst sitzt im Aufsichtsrat der Deutschen Bank. Herr von Brauchitsch war in unserem Verwaltungsbeirat, dann im Aufsichtsrat. Und Herr Vogels hat dieselbe Funktion bei der Commerzbank.

PENNER: Herr Vorsitzender, ich will Sie nicht strapazieren. Aber ich muß noch eine dritte Frage stellen. Dann will ich mein Fragerecht aber einstweilen abschließen.
Herr Dr. Friderichs, welche Möglichkeiten hatte der Verwaltungsbeirat bei der Besetzung von Spitzenpositionen, zu denen auch die Position des Vorstandssprechers im

Rahmen der Dresdner Bank gehört?

FRIDERICHS: Formal, Herr Abgeordneter, keine. Denn der Verwaltungsbeirat ist kein Beschlußgremium.

De facto war es so, daß die stellvertretenden Vorsitzenden des Verwaltungsbeirats die Aspiranten für die nächsten freien Plätze im Aufsichtsrat sind. Das war damals, wenn ich mich recht entsinne, Herr Dr. Spethmann von Thyssen, mittlerweile Aufsichtsratsmitglied, es war Herr von Brauchitsch, der dann in den Aufsichtsrat einrückte, und es war noch ein Dritter, ich glaube, Herr Professor Sammet, jedenfalls ... Ich darf es mal so sagen: Mit den Stellvertretern des Verwaltungsbeiratsvorsitzenden bzw. des Aufsichtsratsvorsitzenden wird natürlich über bankpolitische Fragen gesprochen. Ich meine, Vorstandsbesetzungen im allgemeinen und Sprecherbesetzungen im besonderen gehören zu den etwas delikateren und sensibleren Entscheidungen, die in einer Aktiengesellschaft zu treffen sind.

Ich will offen sagen, daß Herr von Brauchitsch wußte – jedenfalls in einem bestimmten Stadium, als es die Öffentlichkeit noch nicht wußte –, daß es intensive Gespräche zwischen Vertretern der Dresdner Bank und mir gab. Ich habe auch selber mit ihm über diese Frage gesprochen.

PENNER: Wann? – Ich bin mir selber untreu: Es ist die vierte Frage.

FRIDERICHS: Ein entscheidendes Gespräch mit ihm hat bei einem Abendessen in seinem Hause stattgefunden. Das war, bevor die Öffentlichkeit etwas erfahren hat. Es war nämlich das Essen, an dem Herr von Berges mit Frau und meine Frau und ich teilgenommen haben. Das war, wenn ich mich recht entsinne ... es muß im September 1977 gewesen sein. Ich müßte nachschauen, wann es präzise war. Es war an einem Sonntag, Spätnachmittag und Abend.

LANGNER: Das wäre dann ja nicht vor dem Flug gewesen, der am 2./3. September war.

FRIDERICHS: Das war nach diesem Flug. Aber ich weiß, daß Herr von Brauchitsch, bevor ich geflogen bin, von den Verhandlungen und Gesprächen zwischen Dresdner Bank und Friderichs wußte; das ist unbestritten.

LANGNER: Wenn ich mich recht erinnere, ist aus den Akten zu entnehmen, daß der Buchhalter der Firma Flick, Herr Diehl, einen Teil dieser Kosten Ihnen namentlich zugeordnet hat. Ist Ihnen davon nichts bekannt?

FRIDERICHS: Ein Teil? Warum?

LANGNER: Ist Ihnen dieser Umstand nicht bekannt?

FRIDERICHS: Nein. Ich verstehe auch nicht, warum ein Teil. In diesem Flug ist von Flick niemand mitgeflogen. Wir meinen den Air-Traffic-Flug Neapel–Nizza im Zusammenhang mit meinem Ausscheiden.

LANGNER: Es kann sein, daß ich jetzt einen Erinnerungsirrtum habe, was die Teilzurechnung anlangt. Aber Ihnen ist das damals jedenfalls nicht bekannt gewesen?

FRIDERICHS: Nein. Ich habe den damaligen Gesprächspartnern sagen lassen, daß ich gern da hinunterfliegen würde, nachdem die mir gesagt haben: Alle Fazilitäten für Sie; wir wollen die Entscheidung haben.

»Ich halte es für einen absolut normalen Vorgang.«

STERN-Gespräch mit Flick »wg. Flick«

STERN: Die Spendenpraxis Ihres Hauses hat Sie, Herr Dr. Flick, zum Buhmann der Nation gemacht. Auch wenn das Ermittlungsverfahren der Staatsanwaltschaft gegen Sie eingestellt ist – tragen Sie nicht eine moralische Mitschuld an dieser Affäre und dem damit verbundenen Verfall der politischen Sitten?

FLICK: Wer mich zum Buhmann stempelt, wird der Sache nicht gerecht. Es steht doch noch gar nicht fest, ob jemand und wer dann eigentlich gesündigt hat.

STERN: Die Staatsanwaltschaft hat gegen Ihren Manager von Brauchitsch und die ehemaligen Wirtschaftsminister Graf Lambsdorff und Dr. Friderichs Anklage erhoben. Die Hauptverhandlung vor dem Landgericht Bonn wird demnächst eröffnet.

FLICK: Es gibt eine Anklage, aber noch kein Gerichtsurteil. Das ist ein wesentlicher Unterschied. Heute schon davon zu sprechen, jemand habe gegen die Gesetze verstoßen, halte ich für eine Vorverurteilung. Ich jedenfalls maße mir keine Richterrolle an.

STERN: Die Spendenaffäre ...

FLICK: ... das ist Ihr Wort. Ich pflege von Verfahren zu sprechen ...

STERN: ... hat Ihrem Ruf enorm geschadet. Bedauern Sie es heute, gegenüber den Parteien so freigebig gewesen zu sein?

FLICK: Ich war davon überzeugt, daß die demokratischen Parteien ohne Spenden nicht gut existieren können. Wir wurden doch nach dem Kriege immer erneut aufgefordert, etwas für die Parteien zu tun. Die deutschen demokratischen Parteien hatten zu dieser Zeit keine finanzielle Grundlage – im Gegensatz zu den Parteien in den anderen westlichen Demokratien. Sie mußten vom Nullpunkt neu starten und waren schon deshalb auf Spenden angewiesen. Für mich gehörte es zur Pflicht eines Unternehmers, die Parteien mit Geldmitteln zu unterstützen, wenn es die Ertragslage erlaubte. Nicht nur das Haus Flick hat gespendet, sondern auch andere Firmen haben Geld gegeben.

STERN: Viele Unternehmer, auch der alte und der neue Präsident des Bundesverbandes der Deutschen Industrie, die Herren Rodenstock und Langman, sind zu Ihnen auf Distanz gegangen. Fühlen Sie sich von Ihren Kollegen im Stich gelassen?

FLICK: Ich habe gute Nerven und fühle mich in einem Boot mit Hunderten von Unternehmern, die den Parteien ebenfalls namhafte Beträge überwiesen haben. Bedeutende Firmen wie die Deutsche Bank, die Bosch AG, die Daimler-Benz AG haben sich zu dieser Praxis bekannt.

STERN: Die Kritik aus den eigenen Reihen läßt Sie kalt?

FLICK: Ich kenne auch andere Stimmen. Viele Unternehmerkollegen haben mir Sympathiebezeugungen zukommen lassen.

STERN: Ihnen wird vorgeworfen, Sie hätten Geld gegeben, um Politiker und Parteien gefügig zu machen.

FLICK: Unsere Politiker sind nicht käuflich. Wir sind bei den Spenden nie davon ausgegangen, daß wir eine Gegenleistung erhalten würden.

STERN: Sie haben aber den Verdacht bisher nicht ausräumen können, es sei Geld geflossen, um die Politiker für eine Steuerbefreiung beim Verkauf Ihrer Daimler-Benz-Aktien zu gewinnen.

FLICK: Das eine hat mit dem anderen nichts zu tun. Nach dem Ölpreisschock ging es Mitte der siebziger Jahre vielen Unternehmen nicht mehr so gut wie vorher. Das Haus Flick machte dabei keine Ausnahme. Einige unserer Firmen brauchten dringend Investitionen, schließlich sollten Arbeitsplätze erhalten werden.

STERN: Haben Sie nicht vor allem Geld gebraucht, um Ihre Neffen, die Söhne Ihres verstorbenen und noch von Ihrem Vater ausgebooteten Bruders, abzufinden?

FLICK: Wenn ich alles ernst nehmen würde, was so geredet wird. Mir ging es wirklich nicht darum, Kasse zu machen. Tatsache ist vielmehr, daß das Geld benötigt wurde, um die Zukunft der Inlands-Unternehmen des Konzerns zu sichern. Um dieses Ziel zu erreichen, wollten wir selbstverständlich auch gesetzlich verbriefte Vorteile nutzen. Die Paragraphen 6b des Einkommensteuergesetzes und 4 des Auslandsinvestitionsgesetzes erlauben den Unternehmen, eine Beteiligung auf andere Beteiligungen zu übertragen, ohne daß dadurch eine steuerliche Gewinnrealisierung ausgelöst wird. Genaugenommen ging es dabei nie um eine Steuerbefreiung, sondern allenfalls um eine Steuerstundung.

STERN: Für die damals regierende sozial-liberale Koalition war die Sache offenbar nicht so klar. Vor allem SPD-Politiker wollten Ihnen die gesetzlichen Vergünstigungen nicht gewähren.

FLICK: Obwohl viele Unternehmen diese Bestimmungen bereits in Anspruch genommen hatten, gab es gegen uns plötzlich eine scharfe Polemik, die wir so nicht vorausgesehen hatten. Das Motto schien zu heißen: Die Paragraphen 6b und 4 sind für alle da, nur nicht für das Haus Flick. Ich habe dem damaligen SPD-Finanzminister Hans Matthöfer gesagt: Wir wollen keine Bevorzugung, aber wir wollen auch keine Schlechterstellung.

STERN: Namhafte SPD-Politiker waren überzeugt, Sie wollten den Verkaufserlös nicht – wie behauptet – für neue Investitionen im Konzern verwenden.

FLICK: Das ist doch nachprüfbar: Ohne den Verkauf der Daimler-Benz-Aktien hätte die Firmengruppe nicht so umstrukturiert werden können, wie später geschehen. Und jedermann weiß, daß wir einen Teilbetrag verwandt haben, um in unsere USA-Geschäfte zu investieren. Wir mußten tun, was unsere Konkurrenz längst getan hatte. Damit haben wir zugleich die nationale Kopflastigkeit unserer Gruppe beseitigt. Auf den letzten, nicht neu angelegten Teil des Geldes haben wir rund 300 Millionen Steuern gezahlt, eine Summe, die der Finanzminister sonst nie bekommen hätte.

STERN: Ihrem damaligen Chefmanager Eberhard von Brauchitsch wird vorgeworfen, er habe bei der heiklen Transaktion mit großzügigen Spenden vor allem an prominente Freidemokraten wie die seinerzeitigen Wirtschaftsminister Hans Friderichs und Otto Graf Lambsdorff nachgeholfen.

FLICK: Das sind Unterstellungen. Herr von Brauchitsch und ich waren von der Notwendigkeit der Daimler-Transaktion überzeugt. Als es zu der für uns unerwarteten Konfrontation kam, hat Herr von Brauchitsch versucht, in Bonn verständlich zu machen, daß wir keine Vorzugsbehandlung wünschten, sondern nur auf die Einhaltung gesetzlicher Bestimmungen pochten. Davon mußten einige Politiker überzeugt werden. Das war Brauchitschs Aufgabe, denn mir ist die Bonner Landschaft relativ unbekannt.

STERN: War es dabei nötig, die Politiker-Kontakte in ausführlichen Vermerken festzuhalten?

FLICK: Jeder hat seine eigene Arbeitsmethode.

STERN: Im Jahre 1975 haben Sie einen großen Teil Ihrer Mercedes-Aktien verkauft und sich damit anhaltenden Ärger eingebrockt. Seit diesem Zeitpunkt hätten Sie über 15 Prozent Rendite Jahr für Jahr erzielen können. Haben Sie Ihre Verkaufsentscheidung inzwischen bereut?

FLICK: Nein. Ich mußte damals so handeln, denn ich wollte die Leistungskraft der übrigen Konzern-Firmen sichern. Im übrigen halte ich immer noch zehn Prozent der Daimler-Aktien, komme also nach Ihrer Rechnung auch auf diesem Sektor nicht zu kurz.

STERN: Hat sich die Spendenaffäre nachteilig auf die Geschäfte des Konzerns ausgewirkt?

FLICK: Trotz einer überwiegend negativen Berichterstattung in den Medien haben wir bei unseren Kunden keine Aufträge verloren. Wenn eine große Wochenzeitung schreibt, die Panzergeschäfte von Krauss-Maffei hätten unter dem Namen Flick gelitten, so ist das einfach lächerlich. Der Kunde interessiert sich nicht für allgemeines Gerede, sondern für das konkrete Produkt, ob es fehlerlos hergestellt wird und termingerecht geliefert werden kann. Ein guter Geschäftsmann läßt sich nicht von Spenden-Diskussionen beeindrucken . . .

STERN: . . . die Arbeitnehmer in Ihrem Konzern etwa auch nicht?

FLICK: Die Leute halten zu mir und ziehen mit mir an einem Strick. Übrigens nicht nur die Vorstandsmitglieder, auch die Betriebsräte, zu denen ich ein sehr gutes Verhältnis habe.

STERN: Jahrelang haben Sie die Parteien, vorzugsweise CDU/CSU und FDP, mit Spenden unterstützt. Als diese Praxis in den Ruch der Illegalität kam, sind die Parteien auf Tauchstation gegangen und haben Sie und andere Spender im Stich gelassen. Fühlen Sie sich von ihnen verraten?

FLICK: Das sind große Worte, die ich mir nicht zu eigen machen möchte. Zuzugeben ist allerdings, daß der Gesetzgeber versäumt hatte, die Spendenpraxis eindeutig zu regeln. Klare Regelungen hätten uns vor jedem falschen Verdacht bewahrt. Noch heute ist umstritten, ob Parteispenden als Betriebsausgaben anerkannt werden können. Wenn es erst klare Vorschriften gibt, wird sich das gestörte Verhältnis zwischen den Parteien und den Firmen normalisieren.

STERN: Wollte die Bonner CDU/CSU/FDP-Koalition Ihnen deshalb mit einer Amnestie zu Gefallen sein?

FLICK: Diese Diskussion ist am eigentlichen Thema vorbeigegangen. Nach meiner Ansicht hätte man die Amnestie unter dem Aspekt sehen müssen, eine klare Rechtslage zu schaffen, nicht aber als die Absicht, Straffreiheit für die Fälle zu garantieren, in denen eine Steuerverkürzung nachgewiesen werden konnte.

STERN: Werden Sie eines Tages den Parteien wieder Spendengelder bewilligen?

FLICK: Ich kann mich nur wiederholen: Als Demokrat bin ich davon überzeugt, daß den Parteien unter die Arme gegriffen werden muß. Denn niemand muß sich einer in bester Absicht gegebenen Spende schämen, weder der Geber noch der Nehmer. Voraussetzung ist freilich in Zukunft, daß die Gesetze unmißverständlich sind. Auch für andere gemeinnützige Zwecke tun wir ja etwas.

STERN: Haben Sie den Eindruck, daß die Politiker Sie jetzt meiden?

FLICK: Mit den notwendigen Kontakten zu Politikern habe ich keine Schwierigkeiten. Ich dränge mich ihnen nicht auf, aber ich gehe davon aus, daß ich genauso wie andere Unternehmensleiter mit ihnen sprechen kann.

STERN: Warum haben Sie und Ihre Unternehmerkollegen nicht rechtzeitig bei den Parteien darauf gedrungen, eine klare Gesetzesregelung zu beschließen?

FLICK: Wie sollten die Unternehmer die Initiative ergreifen, die doch darauf vertrauten, daß die allgemein gängige und jahrelang von den Finanzbehörden tolerierte Spendenpraxis rechtlich in Ordnung war. Es gab Politiker, die klarere Vorschriften anstrebten. Das ist am Widerstand der SPD gescheitert.

STERN: Die jetzige Regierung aus CDU/CSU und FDP war der Wunsch vieler Industrieller, sicher auch Ihrer. Sind Sie mit der bisherigen Leistungsbilanz zufrieden?

FLICK: Es ist alles relativ. Die heutige Koalition hatte wegen der Erblast einen schweren Start. Daran gemessen, hat sie eine Menge erreicht. Das Staatsdefizit wird abgebaut, die Preise sind einigermaßen stabil, die Investitionsfreudigkeit nimmt zu. Das Hauptproblem, die hohe Arbeitslosigkeit, läßt sich leider nicht von heute auf morgen lösen.

STERN: Hat die bisher geleistete Arbeit der Regierung Ihre Lust am Managen gesteigert?

FLICK: Ich finde es sehr stabilisierend, was in Bonn getan wird, und ich bin überzeugt, daß die Koalition mit den Problemen fertig wird. Das ist schon ein Motiv für mich zu sagen, wir haben in der Bundesrepublik geordnete Verhältnisse, da läßt es sich vernünftig arbeiten. Träte eine andere Situation ein, würde es etwa hierzulande plötzlich chaotisch . . .

STERN: . . . Sie denken wohl

an eine Regierungsbeteiligung der Grünen . . .

FLICK: . . . wenn die eines Tages mitregieren sollten, würde man als Unternehmer wohl neu nachdenken müssen und gewiß weniger Freude an seiner Arbeit haben.

STERN: Die jüngsten Demonstrationen vor Ihrer Düsseldorfer Konzernzentrale mit der Forderung »Flick enteignen« waren ein Vorgeschmack auf das, was Sie »chaotisch« nennen.

FLICK: Die Demonstranten wollten erneut den Namen Flick schlechtmachen. Sie behaupteten, Flick sei gegen die Interessen des Arbeiters. Das ist einfach unwahr. Ich habe den Konzern umstrukturiert und ein hohes Investitionsprogramm genehmigt, damit die Arbeitsplätze erhalten bleiben. Das Ergebnis ist, daß wir 1984 viele hundert Arbeitsplätze mehr hatten als 1983. Es hat mir daher sehr gefallen, daß die Gewerkschaften sich sofort von der Aktion der Demonstranten distanziert haben.

STERN: Hat die Spendenaffäre die Beziehungen von Wirtschaft und Politik nachhaltig getrübt?

FLICK: Wer sagt, das Verhältnis sei gestört, betreibt Agitation. Die Demokratie funktioniert und die soziale Marktwirtschaft auch. Außerdem glaube ich nicht, daß das Unternehmer-Image durch die Spendendebatte auf Dauer leiden wird. Warten wir doch erst einmal ab, ob die öffentlichen Angriffe überhaupt gerechtfertigt sind. Unternehmer sind heutzutage leider sehr schnell der Kritik ausgesetzt. Ihr Ruf wird am Ende stets von ihrer Leistungsfähigkeit abhängen.

STERN: Hartnäckig halten sich Gerüchte, Sie wollten Ihr Industrie-Imperium versilbern, um in die USA zu gehen.

FLICK: Solche Gerüchte sind wie das Ungeheuer von Loch Ness. Sie kommen immer wieder, aber es ist in Wahrheit nichts dran. Es gibt keinen Grund, die Bundesrepublik zu verlassen. Ich liebe dieses Land, ich liebe vor allem Bayern. Ich fühle mich in meiner Heimat wohl, trotz des absurden Theaters, das um mich und meine Absichten gemacht wird. Schon wegen des hohen Reinheitswertes des deutschen Bieres würde ich nicht auswandern, es sei denn, ich würde dazu gezwungen.

STERN: Aus der erklärten Absicht, die Panzerschmiede Krauss-Maffei zu verkaufen, wird geschlossen, Sie wollten nach und nach alle Ihre Firmen abstoßen.

FLICK: Die Behauptung, ich wolle meinen gesamten Industriebesitz zu Geld machen, ist Unsinn. Es wird keinen Winterschlußverkauf geben.

STERN: Warum trennen Sie sich von Krauss-Maffei?

FLICK: Das Unternehmen ist stark auf Rüstungsgeschäfte spezialisiert. Im Verbund mit anderen, in ihrer Geschäftspolitik ähnlich ausgerichteten Firmen wie etwa MBB (Messerschmitt-Bölkow-Blohm), ist Krauss-Maffei besser aufgehoben. Diese Verantwortung gegenüber dem Unternehmen rät zum Verkauf.

STERN: Und der Erlös geht in die eigene Tasche?

FLICK: Sie irren. Der Erlös wird für die Re-Investition in meiner Firmengruppe verwendet.

STERN: Brauchen Sie nicht selbst dringend flüssiges Kapital? Das Ihnen im großen und ganzen wohlgesonnene »Handelsblatt« sieht Sie unter dem Zwang, größere Teile des Firmenvermögens zu verkaufen, um finanziell gerüstet zu sein, wenn das Finanzamt Erbschaft- und Erbersatzsteuer fordert.

FLICK: Zu diesen Steuern wären in der Tat die bislang bestehenden Familienstiftungen herangezogen worden. In den nächsten 15 Jahren hätten 85 Prozent an Steuern bezahlt werden müssen. Wir haben die Stiftungen inzwischen aufgelöst und damit eine vom Gesetzgeber gegebene Möglichkeit der Steuerbefreiung genutzt.

STERN: Sind Sie jetzt der Mann, der im Konzern entscheidet, oder haben Sie die Macht nach dem Ausscheiden Ihrer Top-Manager von Brauchitsch, Vogels und Götte aus der Konzernspitze vor gut zwei Jahren wieder abgegeben?

FLICK: Ich habe in den letzten Jahren die Führung des Hauses stark verkleinert und die Zügel selbst in die Hand genommen. Auch ich darf wohl aus Fehlern lernen. Die Straffung der Konzernspitze – früher gab es immerhin elf Geschäftsführer – hat sich im Umgang mit den einzelnen Unternehmen der Gruppe bewährt. Der Kontakt ist direkter und kürzer geworden, und zwar ohne Qualitätseinbuße. Die einzelnen Firmenchefs tragen heute viel mehr Verantwortung als früher, haben aber auch größere Bewegungsfreiheit. Nur so kann man einen Konzern erfolgreich führen.

STERN: Es gibt kein zweites Unternehmen in der Bundesrepublik in der Größenordnung Flick, das noch in Familienbesitz ist. Die Zeit für solche Wirtschaftsführer scheint vorbeizusein.

FLICK: Die Möglichkeiten für private Unternehmen haben sich verschlechtert, der Handlungsspielraum ist schmal geworden. Man ist eingebettet zwischen Gewerkschaften, Betriebsräten, Mitbestimmung, und dann gibt es ja auch noch das wachsame Bundeskartellamt.

STERN: Aber das sind doch ehrenwerte und vor allem notwendige Einrichtungen.

FLICK: Aber typisch deutsch, gleich auch supergründlich in ihrer Arbeit. Da ist die sogenannte Machtausübung schon sehr begrenzt. Das hat der Gesetzgeber so gewollt, und es wird sich nichts ändern. Der angebliche Machtzusammenprall von Staat und großen Familienunternehmen wird dadurch gar nicht stattfinden.

STERN: Nicht mehr stattfinden, denn in der Vergangenheit hat es ihn durchaus gegeben.

FLICK: Nicht mehr stattfinden, gut. Aber die Daten für Unternehmer hier sind nicht freundlicher geworden. In Detroit ist es gang und gäbe, daß man Arbeiter in den Sommerferien entläßt und bei Produktionsbeginn im Herbst wieder einstellt.

STERN: Wollen Sie solche Verhältnisse etwa auf Deutschland übertragen?

FLICK: Natürlich nicht. Das war nur ein Beispiel, wie es anderswo zugeht. Unser soziales System halte ich für besser.

STERN: Wie wird denn die Zukunft des Familienunternehmens Flick aussehen, wer wird nach Ihnen kommen?

FLICK: Schwer zu sagen. Angenommen, ich hätte einen gut ausgebildeten Sohn Mitte 30, natürlich könnte der die Firma übernehmen. Aber ich habe zwei Töchter, und man weiß ja nicht, wie sie sich weiter entwickeln – bis jetzt bin ich sehr zufrieden mit ihnen – und wenn sie mal heiraten werden. Andererseits soll man die holde Weiblichkeit auch nicht unterschätzen.

STERN: Der »Playboy« wird inzwischen ja auch von der Tochter seines Erfinders Hugh Hefner regiert.

FLICK: Wenn ich meine siebzehnjährige Tochter so anschaue, dann würde die sicher am liebsten die Schule hinschmeißen und mit ran an die Arbeit. Es ist also nicht ausgeschlossen, eine Tochter mit an der Spitze zu haben, wenn sie von kompetenten Mitarbeitern umgeben ist.

Aber das sind Planspiele, keine konkreten Konzepte.

STERN: Wo würden Sie denn mit 1000 Dollar anfangen, wenn Sie jung wären und in die Zukunft investieren wollten?

FLICK: Schwer zu beantworten, wahrscheinlich in die Automaten oder in die Bürotechnik. Auch in Chemie.

STERN: Haben Sie sich aus Angst vor öffentlicher Ächtung in die USA zurückgezogen?

FLICK: Natürlich ist die Bonner Affäre nicht ganz spurlos vorübergegangen, obwohl ich gute Nerven und breite Schultern habe. Aber hier in Kalifornien bin ich aus rein medizinischen Gründen. Nach meiner Hüftoperation mußte ich weg aus Schnee und Eis in ein mildes Klima, um wieder richtig fit zu werden. Ich will doch auch mal wieder ein Tänzchen wagen können. Nach der Operation gab es Komplikationen, nicht nur vier gefährliche Lungenembolien. Die Bewegungsfähigkeit ist noch deutlich eingeschränkt, weil im Knochenbereich bisher nicht alles verheilt ist.

STERN: Also keine Flucht, kein zweiter Fall Horten, sondern nur ein zeitlich begrenzter Rückzug?

FLICK: Ja, obwohl die Dauer der Erholung schwer zu bestimmen ist. Ich selbst möchte am liebsten rasch wieder zurück an meinen Schreibtisch in Düsseldorf.

STERN: Und wer führt den Konzern, während Sie weg sind?

FLICK: Mein Kopf ist sozusagen 24 Stunden pro Tag mit der Firma verbunden. Es gibt hier Telexleitungen, und natürlich habe ich auch eine Sekretärin hier. Bei wichtigen Entscheidungen fliegen die nötigen Herren hierher. Also, das Unternehmen leidet nicht unter meiner Rekonvaleszenz, aber meine Abwesenheit darf kein Dauerzustand werden.

STERN: Können Sie sich vorstellen, was aus Ihnen geworden wäre, wenn Sie als Sohn eines Arbeiters namens Flick geboren wären?

FLICK: Für das Kaufmännische hätte ich mich und habe ich mich immer interessiert. Also ein Kaufmann wie jetzt wäre aus mir geworden.

STERN: Nie von etwas anderem geträumt?

FLICK: Pilot vielleicht.

STERN: Sie hatten ja einen sehr starken Vater, der Leistung forderte und – wie man lesen konnte – Ihnen nie sehr viel zutraute.

FLICK: Es ist einfach nicht richtig, daß mein Vater mir

die Konzernführung nicht überlassen wollte. Ebenso falsch ist es, daß er mir jemanden zur Seite stellen wollte. Herr von Brauchitsch zum Beispiel ist ausschließlich auf meinen Wunsch hin als Gesellschafter in den Konzern zurückgeholt worden. Ich erinnere mich im übrigen an Spaziergänge im Grunewald in Berlin, als mein Vater mich genauso wie meine beiden Brüder schon früh auf das hingesteuert hat, was auf uns zukommen würde. Er hat immer versucht, etwas von seinem Erfahrungsschatz auf uns zu übertragen.

STERN: War es nicht schwer, sich gegen einen solchen Vater durchzusetzen?

FLICK: Einfach war es nicht. Aber ich habe es doch geschafft. Ich hatte Respekt vor ihm, aber gleichzeitig wollte ich ihm beweisen, daß ich meinen eigenen Willen habe. Da gab es so Ende der fünfziger Jahre nach meiner Tätigkeit bei Grace in den USA einen sehr deutlichen Briefwechsel zwischen meinem Vater und mir. Man mußte schon kämpfen beim Alten. Es ging dabei darum, daß ich endlich in die Konzern-Zentrale aufrücken wollte. Bis dahin war ich in einzelnen Unternehmen der Gruppe tätig. Wir haben uns dann geeinigt, das Leben besteht ja aus Kompromissen. Ich ging noch ein halbes Jahr zu Buderus, dann nach Düsseldorf.

STERN: Also, Sie haben nie Ihren Vater gehaßt, weil der so hart und unzugänglich war?

FLICK: Nein. Ich habe Respekt gehabt vor dem, was dieser Mann gemacht hat. Er ist mit 67 Jahren aus Landsberg zurückgekehrt . . .

STERN: . . . wo er als Kriegsverbrecher sieben Jahre einsaß . . .

FLICK: . . . gegen das Urteil hat er Berufung eingelegt, und die Berufung ist vom Supreme Court hier in den USA knapp 4:3 abgelehnt worden. Der Hauptankläger von Nürnberg war einer von den vieren!

STERN: Aber ein Widerstandskämpfer gegen Hitler war Ihr Vater ja nun wirklich nicht.

FLICK: Er hat bei der Reichspräsidentenwahl 1932 Hindenburg maßgeblich mit Spenden unterstützt – gegen die Nazis. Nach der »Machtergreifung« wäre es im totalitären Staat ja Selbstmord gewesen, offen gegen die Nazis zu rebellieren, da mußte jeder seinen Kopf retten und irgendwie überleben. Und im übrigen brauchte er Hitler weiß Gott nicht. Sein Konzern bestand lange vor der »Machtergreifung«, und da konnte er sicher ruhiger schlafen als bei den Nazis. Ich will Ihnen mal was sagen: Als mein Vater neu anfangen mußte, im Osten war ja alles weg, da ist er in die Maxhütte gegangen, zu Betriebsräten und den leitenden Herren, hat mit den Kameraden vorher ein Bier getrunken, hat ihnen ganz ehrlich seinen Werdegang erzählt und nichts verschwiegen, und als er am nächsten Morgen durch den Betrieb ging, haben die Arbeiter respektvoll gegrüßt. Er ist zu Unrecht eingesperrt worden, von fünf Anklagepunkten in Nürnberg blieb nur einer übrig. Und das habe ich von ihm gelernt: daß man mit seinen Leuten gut auskommen sollte.

STERN: Auf welche Leistung in Ihrem Leben sind Sie besonders stolz?

FLICK: Vor Jahren auf den guten Verlauf meines Studiums, jetzt besonders auf meinen Konzern.

STERN: Warum sind Sie ein so mißtrauischer und scheuer Mensch? Haben Sie Angst, daß alle nur Ihr Geld wollen?

FLICK: Ein Gesellschaftslöwe bin ich sicher nicht. So nach außen repräsentieren, das können andere sicher besser als ich. Eine gewisse Zurückhaltung mag schon sein, das aber bedeutet nicht, daß ich das offene Gespräch und die kontroverse Diskussion scheue. Die mich besser kennen, wissen das.

STERN: Die »Bild«-Zeitung, die Ihnen eigentlich ideologisch ja nahesteht, hat Sie als Alkoholiker hingestellt und behauptet, im Gegensatz zu Juhnke seien Sie ein regelmäßiger Trinker.

FLICK: Das war unter der Gürtellinie. Und absurd dazu. Im gleichen Artikel bin ich als Kunstschütze bezeichnet worden, der im Zirkus auftreten könnte. Wie paßt das wohl zusammen: Kunstschütze und immer benebelt? Das hat mich schon sehr betroffen gemacht, weil es sich nicht mit meinem Lebensstil, nicht mit den vielseitigen Geschäften und nicht mit den sportlichen Aktivitäten vereinbart. Ich will mal annehmen, daß es ein Ausrutscher war.

STERN: Von wem, der sich Ihr Freund nannte, wurden Sie im Laufe der Affäre, die Ihren Namen trägt, am meisten enttäuscht?

FLICK: Die paar Freunde, die man hat, sind mir geblieben.

STERN: Worauf im Leben können Sie nicht verzichten – auf Geld?

FLICK: Für Geld kann man

sich ja nicht alles kaufen. In diesen bewegten Zeiten erscheint mir besonders wichtig das Verhältnis zu meiner Familie, gerade zu meinen Töchtern, die getrennt von mir leben. In dem Alter gehören die Kinder ja auch noch zu Mutter.

STERN: Leiden Sie darunter?

FLICK: Sie werden vaterfreundlich aufgezogen und auf mich hingesteuert. Und sie freuen sich wie die Schneekönige, wenn sie mit mir zusammensein können.

STERN: Wovor hat der reichste Mann Deutschlands Angst?

FLICK: So eine schwere Operation, wie ich sie hinter mir habe, gibt einem schon zu denken. Alleinsein im Himmel – aber soweit sind wir janoch nicht. Also: Angst vor dem Tod, wie jeder Mensch.

STERN: Aber nicht die Angst, arm zu sterben?

FLICK: Nein, ganz bestimmt nicht.

STERN: Sind Sie ein einsamer Mensch?

FLICK: Ich habe zwei Ehen hinter mir, und ich habe zwei Kinder. Also habe ich mein familiäres Soll erfüllt. Aber ganz allein will ich nicht bleiben. Ein netter lieber Kamerad, ein Mädel mit gesundem Menschenverstand, das gehört schon dazu. Es ist wichtig, daß es im persönlichen Bereich stimmt. Ich habe gesagt, ich habe gute Nerven, aber das Geschehen in Bonn, in den Zeitungen, die schwere Operation – es wäre völlig falsch zu sagen, es betrifft mich überhaupt nicht. Dann müßte man ein Übermensch sein, und das bin ich ganz bestimmt nicht.

STERN: Sind Ihnen die Auftritte vor dem Untersuchungsausschuß schwergefallen?

FLICK: Es war eine ungewohnte Atmosphäre für mich. Ich glaube aber, ich habe es ganz gut überstanden.

STERN: Haben Sie eigentlich mal auf Betriebsversammlungen in einem Ihrer Werke gesprochen?

FLICK: Nein. Ich habe bisher Gespräche mit Betriebsräten vorgezogen.

STERN: Sind Sie schon mal U-Bahn gefahren oder im Fußballstadion gewesen oder in einer Kneipe – oder kann man sich das als reichster Mann Deutschlands nicht mehr leisten?

FLICK: Das ist alles schon eine ganze Zeit her. Während der Hoch-Zeit des Terrorismus hat mich das viel cooler gelassen, obwohl ich da auch bewacht wurde. Aber jetzt ist die Auffälligkeit viel zu groß, durch Zeitungen und Fernsehen ist man bekann. Das ist auch so eine Begleiterscheinung der Bonner Affäre. Ich kann mir nicht eine Perücke aufsetzen oder eine neue Brille. Man ist ja schließlich kein Schauspieler.

STERN: Das heißt, ohne Leibwächter können Sie keinen Schritt mehr machen?

FLICK: So spontan irgendwo hingehen, das ist kaum möglich. Ich habe meinen Stammtisch. Ich unterhalte mich zwar gern, aber nicht mit fünfzig Leuten. Wenn über die Sache Gras gewachsen ist, wird sich alles wieder einrenken. Dann kann ich auch mal wieder in Hemd und Pullover ein Bier trinken gehen. Für absehbare Zeit aber muß man jemand dabeihaben, schon wegen möglicher Belästigungen. Manchmal entflieht man doch. Meinem Freund Strauß ist es ja auch schon mal gelungen, sich ganz allein ins Auto zu setzen und zu testen, wie die Leute auf Tempo 100 reagieren.

STERN: In zwei Jahren, im Jahr des Bundestagswahlkampfs 1987, werden Sie 60. Werden die Politiker, die Sie so lange unterstützt haben, Ihnen dann die Aufwartung machen?

FLICK: Ich glaube, daß die sich der Sache nicht schämen werden. Ich halte es für einen absolut normalen Vorgang, daß man bei den Wahlen 1987 etwas tun sollte und auch tun wird. Es wird für mich ein normaler Vorgang sein, wenn ich gerade und vielleicht sogar ein bißchen zum Trotz den Herren Bangemann, Stoltenberg und Kohl in gebotener Distanz einen Besuch mache.

STERN: Um über Spenden zu reden?

FLICK: Eines ist sicher, da mache ich auch kein Geheimnis draus, daß ich den Herren sagen werde, wenn sie in die große Schlacht, also in die Wahl 1987 gehen, dann können sie jederzeit mit mir rechnen. Da mache ich aus meinem Herzen keine Mördergrube.

STERN: Also wieder spenden?

FLICK: Ja, ich sehe keinen Anlaß, das nicht zu tun.

DER AUTOR

Hubert Seipel,
Jahrgang 1950, studierte Politik, Philosophie und Geschichte in Marburg und an der London School of Economics and Political Science.
Nach dem Studium arbeitete er von 1977 bis 1979 als Reporter beim Hessischen Rundfunk, anschließend fünf Jahre als SPIEGEL-Redakteur in Hamburg. Seit 1984 gehört er zum STERN, Ressort Politik.

BILDNACHWEIS

amw-Pressedienst169; Anders, Hanns-Jörg 21, 22/23, 89, 112/113, 115; Associated Press 64, 117; Bauer, Dieter 10/11,19 o., 70/71, 77, 142/143; Darchinger, H. J. 35, 147 (2); Deutsche Presseagentur 18, 123, 146, 148, 159; Drinkwitz, Klaus 119 li.; Gebhardt, Heinz 103; Grohe, Manfred 90 li.; Heggemann, Dieter 39; Hellgoth, Brigitte 138; Hinz, Volker 67, 139, 177; aus „Impulse" 45; Kammer 55; Kucharz, Lothar 19 u. 85; Müller, Horst 78; Petershofen, Herbert 52, 73; Prange, Wolf P. 13, 84; Privatfoto 79; Schulze-Vorberg, Richard 15; Simon, Sven, Fotoagentur 26, 57, 119 re., 164; Spielmans, Ingeborg 81; Steche, Wolfgang 90 re.; STERN-Archiv 96, 97; Vollmer, Manfred 130/131; WEREK 153.